AF640140

Inazo Nitobe

Bushido

INAZŌ NITOBE

BUSHIDŌ
DIE SEELE JAPANS

Aus dem Englischen übersetzt von
Dr. Hannelore Eisenhofer

NIKOL
VERLAG

Die vorliegende Übersetzung folgt der Ausgabe:
Inazo Nitobe: Bushido – The Soul of Japan,
G. P. Putnam's Sons, 1905

MIX
Papier | Fördert gute Waldnutzung
FSC® C083411

Das Recht der Nutzung für Text- und Data-Mining im Sinne von § 44b UrhG behalten wir uns ausdrücklich vor.

10. Auflage 2026

© 2018 by Nikol Verlagsgesellschaft mbH & Co. KG,
Barkhausenweg 11, 22339 Hamburg

Alle Rechte, auch das der fotomechanischen Wiedergabe (einschließlich Fotokopie) oder der Speicherung auf elektronischen Systemen, vorbehalten.
All rights reserved.

Satz und Layout: Nikol Verlag, Hamburg
Umschlaggestaltung: Nele Schütz Design unter Verwendung von Shutterstock/Masin Tupikov
Druck und Bindung: CPI Moravia Books s.r.o.
Printed in the Czech Republic

ISBN: 978-3-86820-096-6

info@nikol-verlag.de
www.nikol-verlag.de

Vorwort zur deutschen Ausgabe von Bushidō

Nitobe Inazō (1862–1933), geboren in Morioka, das in der heutigen Präfektur Iwate im Nordosten der Insel Honshū liegt, zeichnete sich durch besondere Gelehrsamkeit und einen hohen Bildungsgrad aus. Als er zur Welt kam, war das in seinem Buch Bushidō so eindringlich, aber auch widersprüchlich beschriebene ideale Japan bereits von der Agonie der Herrschaft der Tokugawa gezeichnet. Nur wenige Jahre nach seiner Geburt, im Jahre 1867, trat der letzte Shogun von seinem Amt zurück und übergab dem Kaiser seine Ländereien und seinen Machtanspruch auf die Regierung. Die Meiji-Restauration, die Wiederherstellung der kaiserlichen Macht als alleinige Regierung des gesamten Landes, war somit vollzogen. Was nun folgte, war ein radikaler Umbruch und Bruch mit der Vergangenheit. In diesem Niemandsland zwischen alten Lehren und der Suche nach neuen Wegen war es nicht weiter verwunderlich, dass das Christentum erneut in Japan Einzug hielt, wenngleich unter anderen Voraussetzungen als im 16. Jahrhundert. Inazō, der ab 1877 in Sapporo Landwirtschaft studierte, fühlte sich zu dieser Religion hingezogen und trat zusammen mit seinem Studienkollegen Uchimura Kanzō zum christlichen Glauben über.

Morioka war der Sitz des Nanbu-Clans, der auf Seiten der Tokugawa an der entscheidenden Schlacht von Sekigahara im Jahre 1600 teilgenommen hatte und aufgrund dessen einige Privilegien besaß. Fernab der Regierungs- bzw. Machtzentren Edo und Kyōto – wobei Kyōto als Sitz des Kaisers in Regierungsangelegenheiten kaum ins Gewicht fiel – konnten sich mit Sicherheit besondere moralische Ansichten und Regeln über einen längeren Zeitraum halten, als in den meisten anderen Gebieten, was bei der Abfassung des vorliegenden Buches sicher eine Rolle spielte.

Inazō war ein belesener Mann, den zunächst das Buch *Sartor Resartus* von Carlyle in seinen Bann gezogen hatte, dessen Thematik die Suche nach der Wahrheit war. Doch was ist Wahrheit? Inazō, der an der Kaiserlichen Universität, dann in Boston und später in Deutschland studiert hatte, war nicht nur mit unterschiedlichen Kulturen und Denkweisen zusammengetroffen, sondern auch mit unterschiedlichen Ansichten der einzelnen Nationen zu Begriffen wie Ehre, Treue, Loyalität, ja selbst politischen Systemen. So konnte es nicht ausbleiben, dass er 1899 Bushidō verfasste, das als eine Antwort auf die vielen Missverständnisse, die andernorts über Japan vorherrschten, gedacht war und nicht nur den Japanern einen Spiegel in der späteren japanischen Version vorhalten sollte, sondern den westlichen Nationen zu zeigen versuchte, inwieweit Japan, das von einer Gleichwertigkeit mit den westlichen Staaten noch weit entfernt war, durchaus Paroli bieten konnte, wenn nicht sogar in einigen Punkten überlegen war.

Inazō kannte die damalige einschlägige Literatur zu Japan, aber vor allem kannte er die Bibel, die immer wieder zitiert wird. Er war angesehen und durch seine zahlreichen Aufenthalte im Ausland, vor allem aber durch seine Ehe mit der Quäkerstochter Mary P. Elkinton – gegen die sowohl seine als auch ihre Familie heftigste Einwände hatte – fühlte er sich berufen, zwischen Ost und West auszugleichen und eine Art Mittler oder Brücke zu bilden. 1933 starb er bei einer Konferenz in Kanada nach einem erfüllten Leben als Lehrer, Dozent, Agrarwissenschaftler, Mitglied beim Völkerbund und seiner Arbeit im internationalen Rahmen.

Mit Bushidō hat er sich selbst ein Denkmal gesetzt und in gewisser Weise auch seiner Heimat Morioka, in der auch heute noch der Clan der Nanbu mittlerweile in der 45. Generation vertreten ist.

Realität und Theorie

Der sogenannte Weg des Kriegers, Bushidō, der im Westen häufig als Synonym für japanisches Rittertum verwendet wird, ist ein Kind der Meiji-Zeit (1868–1912), die einen radikalen Umbruch der japanischen Gesellschaft und des Staatswesens herbeiführte.

Nachdem im Jahre 1603 die Familie der Tokugawa das Shogunat offiziell übernommen hatte und bis zum Jahre 1867 die Regierung Japans bildete, waren die einstigen Kämpfer und Gefolgsleute zur Schreibtischarbeit gezwungen. Verwaltungsaufgaben und Steuerwesen waren an die Stelle der Schlachtfelder getreten, die 100 Jahre lang das japanische Geschehen bestimmt hatten. In dieser Zeit des erzwungenen Friedens sehnte sich so mancher ehemalige Kämpfer nach Schlachtengetümmel und im Zuge dieser Entwicklung entstand die »Erfindung« des edlen Samurai, der von Loyalität und kindlicher Pietät getrieben, seinem Herrn und Meister bis in den Tod und darüber hinaus treu ergeben war.

Die Verklärung der Vergangenheit ist nicht allein ein Privileg Japans, sondern in allen Kulturen anzutreffen. Der Ritter des Mittelalters, der sich vom berittenen Söldner zum edlen Menschen entwickelt hatte, die Minne pflegte und vollendete Manieren im Umgang mit seinesgleichen zeigte, unterscheidet sich kaum von der Darstellungsweise, die bei den japanischen Samurai anzutreffen ist.

Doch wie sah die Wirklichkeit aus? Nachdem Japan nach zahllosen Schlachten und Intrigen unter den Tokugawa unter einer einheitlichen Regierung vereint war, erstellten die einzelnen Landesfürsten »Hausgesetze« für ihre Gefolgsleute, um für Zucht und Ordnung in Friedenszeiten zu sorgen. Diese Gesetze waren keineswegs landesweit gleich oder hatten den Charakter eines universellen Kodex, der für ganz Japan gültig war. Vielmehr stand es jedem Landesfürsten frei, in seinem Gebiet nach Gutdünken zu herrschen, solange er die Regeln, die ihm von der Regierung auferlegt waren, befolgte und den Frieden des Reiches nicht gefährdete.

Die Zeit zwischen 1603 und 1867 ist gekennzeichnet durch hohe Gelehrsamkeit der oberen Klasse, die sich mit chinesischen Klassikern, Philosophie, Medizin und anderen Wissenschaften beschäftigte und eine reichhaltige Literatur auf diesen Gebieten hervorbrachte. Zahllose Philosophen entstammten dem Kriegeradel, dessen Aufgabe nicht allein die Ertüchtigung in verschiedenen Waffendisziplinen war, sondern die Gelehrsamkeit in gleichem Maße zu verfolgen hatte.

Jedes Lehen hatte seine eigenen Schulen, die den Samuraiangehörigen vorbehalten waren, aber auch Schulen für das einfache Volk, das dort die elementarsten Kenntnisse im Lesen, Schreiben und Rechnen erlernen konnte.

Der Konfuzianismus breitete sich zudem unter der herrschenden Klasse dank der als Pflichtlektüre geltenden chinesischen Abhandlungen aus, und der Gebildete verwendete statt der japanischen Sprache »Kanbun«, Chinesisch, das beim Lesen ins Japanische transponiert wurde. Bildung war hoch angesehen und die chinesischen Ideale der kindlichen Pietät, der Loyalität, der Menschlichkeit und Aufrichtigkeit fanden Eingang in die Lehrstätten der Kriegerklasse.

Die hier in diesem Buch behandelten Tugenden stammen mehr oder minder aus dem Chinesischen, sprich dem Konfuzianismus, der in seiner Ausprägung des Neo-Konfuzianismus ab dem Jahre 1792 die offizielle, von der japanischen Regierung verordnete Lehre darstellte. Zahlreiche Schulen bestanden nebeneinander, die sich nicht allein diesem Neo-Konfuzianismus widmeten, sondern den unter dem Begriff »Konfuzianismus« zusammengefassten Schriften und Lehren widmeten.

Je weiter sich die Kriegerklasse von der Zeit der Schlachtfelder entfernte, desto stärker wurde die Verklärung der Vergangenheit, aber auch der Verfall der Sitten, der Disziplin und der Moral.

Zu Beginn des 20. Jahrhunderts sah sich Japan unterschiedlichen Problemen gegenüber: dem Druck des westlichen Auslands, Japans

Häfen für ausländische Schiffe und Kaufleute zugänglich zu machen, dem Verfall des Staates, der Verschlechterung der Wirtschaft und dem Verfall der allgemeinen Moral. Trunksucht, Spielleidenschaft, Besuche in Freudenhäusern brachten manche Existenz an den Rand des Ruins und die eine oder andere Samurai-Rüstung verschwand samt Schwert bei Pfandleihern. Das Ideal des Bushidō, das Nitobe Inazō hier so eindringlich als die »Seele Japans« vermittelt, war ein Wunschtraum, der kaum noch realisiert werden konnte. Und dennoch hält sich dieses Bild, das er seinerzeit vermittelte, auch heute noch hartnäckig in westlichen Vorstellungen von einem Japan, das es so nie gegeben hat und nie geben wird.

Wer in der Fremde lebt oder sich häufig im Ausland aufhält, neigt dazu sein Heimatland zu idealisieren, das Gute zu betonen und das Schlechte zu vergessen. Nitobe bildet hier keine Ausnahme. Sein Zusammentreffen mit unterschiedlichen Nationen und seine Rolle bei führenden Einrichtungen brachten ihn zu der Stellungnahme, die als Bushidō in die Geschichte einging. Das soll ihm keineswegs zum Vorwurf gemacht werden, wenn man die damalige Stellung Japans in der Weltgeschichte betrachtet und das Bemühen kennt, das Japan an den Tag legte, um als gleichwertiges Mitglied der großen Nationen anerkannt zu werden.

Die Tokugawa-Zeit war nichts anderes als ein Zeitalter des Despotismus und des Militärs. Die vier Stände, die nach chinesischem Vorbild – mit dem Unterschied jedoch, dass der Kriegerstand an erster Stelle stand – erblich geworden waren, boten kaum eine Möglichkeit der vorgegebenen Umwelt zu entfliehen und gesellschaftlich aufzusteigen, bis schließlich zum Ende dieser Herrschaft aufgrund des allgemeinen Verfalls eine Lockerung eingetreten war. Höflichkeit und Zurückhaltung gebot allein die despotische Herrschaft dieses Polizeistaates, der seine Bürger bespitzelte und dessen Strafen drakonisch waren. Es war daher nicht so sehr die edle Gesinnung, die innere Einstellung, die die Menschen zu Umsicht und Rücksicht im Umgang miteinander anleitete, sondern die Angst, einen Fehler mit tödlichen Konsequenzen für die ganze Familie zu begehen.

Nach dem Zusammenbruch des Regimes wurde alles, was mit der ehemaligen Regierung zu tun hatte, über Bord geworfen und verachtet. Die unter Zwang befolgte Moral hatte endgültig ihre Grundlage mit der Abschaffung des konfuzianischen Systems verloren, jedoch keinen Ersatz gefunden, der eine einheitliche moralische Erziehung zum Ziel gehabt hätte. Wenn Nitobe in seinem Vorwort in der Unterhaltung mit dem belgischen Juristen Laveley davon spricht, dass es keine moralische Unterweisung an den Schulen gibt, sondern er mit der Muttermilch sozusagen die Regeln für Recht und Unrecht, in seinen Worten Bushidō, aufgesogen hat, so scheint er eines vergessen zu haben – den Erziehungserlass von 1890 – den der Kaiser in Anbetracht der an den Schulen zu unterrichtenden Moral dem Volke huldvoll geschenkt hatte. Moralerziehungsbücher waren durchaus bereits im Umlauf und wurden an den Schulen als Lehrmaterial verwendet. Diese Bücher enthielten erbauliche Geschichten von großen Männern und Frauen aus aller Welt, die als vorbildlich galten. Gladstone war dort ebenso vertreten wie andere westliche Staatsmänner, Politiker, Erfinder und andere.

Seit dem Jahre 1872 bestand allgemeine Schulpflicht und der Moralunterricht wurde meist an Samstagen abgehalten. Um das Bestreben, dem Land eine einheitliche moralische Erziehung angedeihen zu lassen, die zuerst als Anstandskunde, später als Moralunterweisung in den Stundenplänen eingetragen war, hatten die beiden Tutoren des Meiji-Kaisers, Motoda Eifu und Nishimura Shigeki, den Entwurf des kaiserlichen Erziehungsedikts unterstützt. Ein so kritisches Buch wie die »Abhandlung der japanischen Moral«[1] wäre wohl kaum erschienen, wenn die Moral in sämtlichen Klassen der Gesellschaft wie in Bushidō beschrieben, verbreitet gewesen wäre.

Impulse von außen sind meist der Auslöser über eigene Werte und Traditionen nachzudenken, um ein Gegengewicht zu anderen Kul-

1 Das genannte Buch erschien 1886 und stellte die Zusammenfassung eines dreitägigen Vortrages dar, der an der Kaiserlichen Universität von Tōkyō von Nishimura Shigeki gehalten wurde, der aufgrund des allgemeinen Moralverfalls bereits 1876 eine Gesellschaft gegründet hatte, um moralische Werte zu vermitteln. (AdÜ)

turen zu schaffen. Der Impuls für die Idee eines edlen Rittertums in der Tokugawa-Zeit war der Umbruch von einer kriegerischen zu einer friedlichen Zeit gewesen, in der Meiji-Zeit kam der Impuls jedoch von außen und in zunehmendem Maße durch die ins Land strömenden Missionare der amerikanischen und englischen Glaubensrichtungen, die sich von Bestrebungen der katholischen Kirche, die im 16. Jahrhundert kurzzeitig in Japan Erfolge verbuchen konnte, deutlich unterschied. Es darf zudem nicht vergessen werden, dass Japan zu Beginn der Meiji-Zeit bestrebt war, ein gleichwertiges Mitglied der Großmächte zu werden, was das Vorwort von Griffis deutlich zum Ausdruck bringt, der Japan als Mittler zwischen Ost und West, aber auch als Führungsmacht in Ostasien bezeichnet.

Bunmei kaika (Zivilisation und Aufklärung) waren die Schlagworte der frühen Meiji-Zeit, die Nitobe wohlweislich nicht erwähnt, sondern sich stattdessen auf einen Ehrenkodex der Samurai beruft, den es als nicht einheitliches Regelwerk gegeben hat.

Zwar schreibt Nitobe, dass das, was Japan noch heute (in Beziehung zu seiner Zeit) ausmacht, Bushidō zu verdanken ist. Tatsache ist jedoch, dass die Grundlage dessen, was Japans geschichtlichen Werdegang nach der Meiji-Restauration beeinflusste, die Bildung war, die der Kriegerstand genossen hatte. Dieser Bildung und der Weitsichtigkeit etlicher Samurai hatte Japan es zu verdanken, dass sich das Land öffnen und entfalten konnte.

Das Buch selbst wurde im Jahre 1899 verfasst, vier Jahre nach dem Sieg Japans über China. Es ist sicherlich nicht falsch zu behaupten, dass dieses Ereignis Nitobe beflügelte in der Stärke Japans den alten Geist der Samurai zu sehen und den Erfolg dem, was er unter Bushidō verstand, zuzuschreiben.

Aus heutiger Sicht ist Bushidō ein Klassiker, der ein Weltbild vermittelt, das jede Nation zur damaligen Zeit zu vermitteln suchte. Es ist wie gesagt ein Kind seiner Zeit und sollte auch als ein solches verstanden werden.

Anmerkungen zur Schreibweise und Lesung der japanischen Namen

Ō, ō oder ū bedeuten einen langen Vokal. Gemäß der japanischen Tradition werden die Familiennamen an erster Stelle genannt. Da viele Namen von Personen nicht vollständig in der Originalausgabe verzeichnet sind, wurde der Verständlichkeit halber, oder um den Leser zu weiterer Forschung anzuregen, der vollständige Name angegeben.

Dieses Büchlein widme ich meinem geliebten Onkel

OTA TOKITOSHI

der mich lehrte die Vergangenheit zu ehren

und die Taten der Samurai zu bewundern.

Vorwort zur zehnten und überarbeiteten Ausgabe

Seit der ersten Veröffentlichung in Philadelphia vor mehr als sechs Jahren hat dieses Büchlein eine unerwartete Geschichte erlebt und reichere Ergebnisse als erwartet. Der japanische Nachdruck wurde neun Mal neu aufgelegt. Gegenwärtig wird gleichzeitig in New York und London eine Ausgabe für alle Englisch sprechenden Leser auf der ganzen Welt erscheinen.

Mittlerweile wurde »Bushidō« von Dev aus Khandia in die zentralindische Sprache Marathi übersetzt, ins Deutsche von Anna Kaufmann aus Hamburg, von Hora ins Tschechische, und von der Gesellschaft für Wissenschaft und Leben in Lemberg ins Polnische. Versionen auf Norwegisch und Französisch befinden sich gerade in Vorbereitung und eine chinesische Übersetzung ist geplant. Einige Kapitel wurden ungarischen und russischen Lesern in der jeweiligen Landessprache zugänglich gemacht. Wissenschaftliche Anmerkungen als Hilfe für jüngere Studenten der englischen Sprache trug mein Freund H. Sakurai zusammen, dem ich für seine Hilfe auch in anderer Hinsicht Dank schulde.

Es ist für mich eine große Freude, dass meine bescheidene Abhandlung auf so viele wohlwollende Leser in unterschiedlichen Kreisen traf, was bedeutet, dass der Inhalt meines Buches für alle Welt von Interesse ist.

Überaus schmeichelnd ist die Nachricht (die mich aus zuverlässiger Quelle erreichte), der zufolge Präsident Roosevelt mir die Ehre zuteil werden ließ, es zu lesen und einige Exemplare meines Buches an seine Freunde zu verteilen.

Für die gegenwärtige Ausgabe habe ich hauptsächlich einige konkrete Beispiele hinzufügt. Ich bedauere, dass ich unfähig war ein Kapitel über die kindliche Pietät hinzuzufügen, die als die eine der zwei Säulen der japanischen Ethik gilt, wobei die Loyalität die zweite bildet. Die Schwierigkeit, vor der ich beim Verfassen eines solchen Kapitels stehe, liegt nicht darin, dass ich westliches Empfinden hinsichtlich dieser Tugend nicht kenne, sondern vielmehr darin, dass wir uns als Japaner dieser Tugend selbst nicht genug bewusst sind, sodass ich aus eigener Kraft nicht in der Lage bin, entsprechende Vergleiche zu ziehen. Dennoch hoffe ich eines Tages dieses und andere Themen erweitern zu können. Selbstverständlich können die auf diesen Seiten angeschnittenen Themen noch weiter ausgeführt und diskutiert werden; momentan bin ich jedoch nicht in der Lage die Dinge so klar zu sehen, dass die derzeitige Ausgabe, so wie sie ist, erweitert werden könnte.

Dieses Vorwort wäre nicht vollständig und nicht gerecht, wenn ich meiner Gattin nicht den gebührenden Dank für das Lesen der Druckfahnen, für hilfreiche Vorschläge und nicht zuletzt für ihre beständige Ermunterung danken würde.

I.N.
Koishikawa
Tokyo 1. Januar 1905

Vorwort zur ersten Ausgabe

Vor über zehn Jahren verbrachte ich einige Tage im gastfreundlichen Hause des angesehenen belgischen Juristen, dem verschiedenen Herrn de Laveleye. Auf einem unserer Streifzüge wandte sich unsere Konversation dem Thema Religion zu. »Bedeutet das«, sagte der ehrenwerte Professor, »dass es in Ihren Schulen keine religiöse Unterweisung gibt?« Als ich dies bejahte, verharrte er plötzlich vor Erstaunen, und mit einer Stimme, die ich nicht so leicht vergessen werde, wiederholte er: »Keine Religion! Aber wie vermittelt man dann eine moralische Erziehung?« Diese Frage verblüffte mich damals. Ich hatte keine Antwort parat, denn die Moralprinzipien, die ich in meiner Kindheit gelernt hatte, wurden nicht an Schulen gelehrt; erst als ich begann die verschiedenen Faktoren zu analysieren, die mein Empfinden für Recht und Unrecht geprägt hatten, kam ich zu dem Schluss, dass es Bushidō, der Weg des Kriegers, war, den ich mit jedem Atemzug aufgesogen hatte.

Den eigentlichen Ausgangspunkt dieses Büchleins verdanke ich jedoch meiner Gattin, die häufig hinterfragte, warum diese und jene Vorstellungen und Gebräuche in Japan üblich sind.

Bei meinen Versuchen sowohl Herrn de Laveleye als auch meiner Gattin zufriedenstellende Antworten zu geben, kam ich zu dem Schluss, dass die Moralvorstellungen des heutigen Japan ein Buch mit sieben Siegeln für jeden sein müssen, der nicht weiß, was Feudalismus und Bushidō bedeuten.

Als ich aufgrund einer langen Krankheit zum Müßiggang gezwungen war, nahm ich dies als Gelegenheit, einige der Antworten, die ich in der häuslichen Konversation gegeben hatte, für die Allgemeinheit niederzuschreiben. Der Hauptinhalt meiner Darlegungen ist das, was mir in meiner Kindheit anerzogen und gesagt wurde, zu einer Zeit als der Feudalismus in Japan noch das vorherrschende System war.

Zwischen Lafcadio Hearn und Frau Hugh Fraser auf der einen Seite und Sir Ernest Satow und Professor Chamberlain auf der anderen, ist es wahrhaftig entmutigend irgendetwas Japanisches auf Englisch niederzuschreiben. Der einzige Vorteil den ich habe, ist die Tatsache, dass ich die Haltung eines persönlichen Verteidigers einnehmen kann, während diese angesehenen Verfasser höchstens Verteidiger und Anwälte sein können. Ich habe oft gedacht, dass ich die Belange Japans in wesentlich wortgewandterer Weise zum Ausdruck bringen könnte, wenn ich deren Sprachbegabung hätte. Doch da ich nicht in meiner Muttersprache schreiben kann, bin ich schon dankbar, wenn ich mich in der fremden Sprache verständlich ausdrücken kann.

Während des gesamten Diskurses habe ich versucht Beispiele aus der europäischen Geschichte und Literatur heranzuziehen, um meine Darlegungen zu illustrieren und dem Leser dadurch Hilfestellung für das Verständnis zu liefern.

Sollten meine Hinweise auf religiöse Themen und religiöse Kräfte als kränkend empfunden werden, so vertraue ich darauf, dass meine Haltung gegenüber dem Christentum nicht infrage gestellt wird. Es sind die kirchlichen Methoden und die Form, welche die Lehre von Christus verschleiern und für die ich nur wenig Sympathie empfinde, aber nicht die Lehre selbst. Ich glaube an die Religion, die ER uns gelehrt hat und die uns durch das Neue Testament überliefert wurde, sowie das in unser Herz geschriebene Gesetz. Ich glaube auch, dass Gott uns ein Testament gab, das »alt« genannt werden kann und das für alle Menschen und Nationen gedacht ist – Nichtjuden und Juden, Christen oder Heiden. Was meine Theologie sonst noch betrifft, so möchte ich damit nicht die Geduld meiner Leser auf die Probe stellen.

Ich schließe dieses Vorwort mit Dank an meine Freundin Anna C. Hartshorne, die mir viele wertvolle Vorschläge unterbreitete und das typische japanische Muster für das Deckblatt dieses Buches entwarf.

Inazō Nitobe
Malvern, Pa., Dezember 1899

Inhaltsverzeichnis

»That way
Over the mountain, which who stands upon,
Is apt to doubt if it be indeed a road;
While if he views it from the waste itself,
Up goes the line there, plain from base to brow,
Not vague, mistakable! What's a break or two
Seen from the unbroken desert either side?
And then (to bring in fresh philosophy)
What if the breaks themselves should prove at last
The most consummate of contrivances
To train a man's eye, teach him what is faith?«

Robert Browning,
Bishop Blougram's Apology

»There are, if I may so say, three powerful spirits, which have from time to time, moved on the face of the waters, and given a predominant impulse to the moral sentiments and energies of mankind. These are the spirits of liberty, of religion, and of honor.«

Hallam,
Europe in the Middle Ages

»Chivalry is itself the poetry of life.«

Schlegel,
Philosophy of History

Einführung

Auf Anfrage seiner Verleger, denen Dr. Nitobe einige Handlungsfreiheit hinsichtlich der Einleitung eingeräumt hat, ist es mir gestattet, hier einige einführende Sätze zu dieser neuen Ausgabe von *Bushidō* an alle englischsprachigen Leser richten zu können, wofür ich dankbar bin. Seit mehr als 15 Jahren bin ich mit dem Verfasser bekannt und mit dem Thema selbst seit mehr als 45 Jahren.

Es war im Jahre 1860 in Philadelphia (wo ich 1847 den Stapellauf der *Susquehanna,* Commodore Perrys Flagschiff, sah) als ich zum ersten Mal auf Japaner und die Mitglieder der Gesandtschaft aus Edo traf. Ich war von diesen Fremden tief beeindruckt, für die Bushidō ein gelebter Kodex von Idealen und Verhalten war. Später, während der drei Jahre am Rutgers College in New Brunswick, New Jersey, befand ich mich im Kreise junger Männer aus Japan, die ich unterrichtete oder als Stipendiaten kannte. Bushidō, über den wir oft sprachen, hatte etwas Gewinnendes an sich, wie ich herausfand. Im Leben dieser zukünftigen Gouverneure, Diplomaten, Admiräle, Erzieher und Bankdirektoren spiegelte sich diese Haltung wider, ja selbst in der Stunde des Todes, erlebte ich mehr als einmal bei diesen Männern, die ihre letzte Ruhe auf dem Willow Grove Friedhof fanden, dass der Duft dieser so wohlriechenden Blume des fernen Japan sehr süß war. Ich werde niemals den sterbenden Samurai Kusakabe vergessen, der mir folgende Antwort gab als er zum edelsten Dienst und der größten Hoffnung gerufen wurde: »Selbst wenn ich Ihren Herrn Jesus Christus kennen könnte, würde ich Ihm nur den Abschaum eines Lebens bieten.« Nun am »Ufer des alten Raritan-Flusses[2]«, bei der Leicht-

2 »On the banks of the old Raritan« ist das Lied von Rutgers College in New Brunswick, New Jersey. Hier Anspielung auf die Zeit, die Griffis in Rutgers zusammen mit japanischen Studenten verbrachte. (AdÜ)

athletik, bei fröhlichen Scherzen während des Abendessens, wenn japanische und amerikanische Lebensweise aufeinandertrafen sowie in Diskussionen über Ethik und Ideale war ich gewillt, die »versteckten missionarischen Antworten« zu geben, über die mein Freund Charles Dudley Warner einst geschrieben hatte. In einigen Punkten bestanden Unterschiede hinsichtlich der ethischen Kodices und Anstandsregeln, aber mehr am Rande. Wie schrieb doch der japanische Dichter – war es vor eintausend Jahren? – als er die Heide voller Blüten mit Tau benetzt durchschritt und die Blüten mit seinem Gewand streifte, so dass die glitzernden Tropfen auf seinem Brokat anhafteten, »Wegen des Dufts wische ich diese Nässe nicht von meinem Ärmel«. Tatsächlich war ich glücklich, dem Trott zu entfliehen, der sich nur durch die Länge von einem Grab unterscheidet, so sagt man. Liegt nicht im Vergleich das Leben von Wissenschaft und Kultur? Ist es nicht wahr, dass beim Studium von Sprachen, Ethik, Religionen und Verhaltensnormen er, der weiß, einer ist, der nichts weiß?

1870 wurde ich als Vorreiter der Erziehung nach Japan gerufen, um dort die Methoden und den Geist des amerikanischen Systems der öffentlichen Schulen einzuführen. Wie glücklich war ich, als ich die Hauptstadt verlassen konnte und in Fukui in der Provinz Echizen den reinen Feudalismus in der Praxis erleben durfte! Dort empfand ich Bushidō nicht mehr als exotisch, und es war mir möglich geworden ihn in seinem Ursprungsland als gelebtes Ideal zu erfahren. Im Alltag wurde ich gewahr, dass Bushidō mit seiner Teezeremonie *cha-no-yu,* der Kampfkunst *jūjutsu,* der rituellen Selbsttötung *harakiri*, höflichem Fußfall auf den Matten und Kniefall auf der Straße, den Regeln des Schwertes und der Straße, gemächlichen Begrüßungen und höflichster Sprechweise, Regeln der Kunst und des Verhaltens, aber auch der Heldenmut bei Frauen, Mädchen und Kindern der universelle Glauben war, der von allen Personen in der Burgstadt und Provinz ausgeübt wurde. Mädchen und Jungen wurden gleichermaßen in dieser gelebten Schule des Denkens und Handelns erzogen. Dort sah ich mit eigenen Augen das Erbe, das Dr. Nitobe zuteil geworden war und das er mit jedem Atemzug in sich aufgenommen hatte, über das er so anmutig und eindringlich geschrieben hatte, so anschaulich, voller Erkenntnis und weiter Sichtweise. Der japanische Feudalismus »starb ohne den Anblick« seines fähigsten Vertreters und überzeugendsten Verteidigers. Für ihn war es wie ein Duft, der verweht, für mich war es »die Pflanze und Blume des Lichts«.

Da ich in Japan zur Zeit des sterbenden Feudalismus lebte, der Bushidō verkörperte, kann ich bezeugen, dass Dr. Nitobes Beschreibungen soweit der Wesenswahrheit entsprachen und ebenso seine Analysen und allgemeinen Betrachtungen. In meisterhafter Manier hatte er ein farbenfrohes Bild von Japan gezeichnet und heraufbeschworen, das die eintausend Jahre japanischer Literatur so glorreich widerspiegelt. Der ritterliche Kodex hatte sich über ein Jahrtausend entwickelt und unser Verfasser hat liebevoll die Blumen beschrieben, die den Pfad schmückten, der von Millionen edler Seelen, seinen Landsleuten, beschritten wurde.

Kritische Studien meinerseits vertieften meinen eigenen Sinn für die Kraft und den Wert, den Bushidō für die Nation darstellte. Wer das Japan des 20. Jahrhunderts verstehen möchte, muss die Wurzeln kennen, die in der Vergangenheit gewachsen sind. Auch wenn diese Wurzeln für die heutige Generation der Japaner und Ausländer unsichtbar sein mögen, erkennt der philosophische Gelehrte dennoch in den Resultaten des Heute die Kraft, die aus der Energie vergangener Zeitalter gespeist wird. Die Sonnenstrahlen der frühen schriftlosen Zeit fielen auf den Nährboden, aus dem Japan heute seine Kraft für Krieg oder Frieden bezieht. Diejenigen, die mit Bushidō aufwuchsen, verfügen über einen scharfen spirituellen Geist. Die Kristallmasse hat sich in der versüßten Schale aufgelöst, doch die Köstlichkeit des Aromas bleibt bestehen. Kurzum, Bushidō gehorchte dem höheren Gesetz, das von dem Einen verkündet wurde, dessen eigener Vertreter seinen Herrn grüßt und ihm gesteht – »es sei denn, dass das Weizenkorn in die Erde falle und ersterbe, so bleibt's allein; wo es aber erstirbt, so bringet es viele Früchte.«[3]

---

3 Johannes 12.24. (AdÜ)

Hat Dr. Nitobe Bushidō idealisiert? Oder, so fragen wir uns, konnte er nicht umhin ihn zu idealisieren? Er selbst nennt sich »Verteidiger«. In allen Glaubensrichtungen, Kulten und Systemen sind die Musterbeispiele und Exponenten unterschiedlich, solange Ideale wachsen. Das Gesetz ist eine allmähliche Steigerung und ein langsames Erreichen von Harmonie. Bushidō erreichte niemals ein endgültiges Ziel. Er war zu lebendig und starb schließlich in seinem Glanz und seiner Stärke. Der Zusammenprall der westlichen Welt – anders können wir die Einflüsse und Ereignisse nicht bezeichnen, die auf die Ankunft von Perry und Harris folgten – mit dem Feudalismus Japans fand Bushidō nicht als einbalsamierte Mumie vor, sondern als eine lebendige Seele. In Wirklichkeit traf die Welt auf einen beflügelten Geist der Menschlichkeit. Dann wurde das Geringere zugunsten des Größeren geopfert. Japan folgte seinen eigenen edlen Vorgängern, ohne das Beste aus Geschichte und Zivilisation aufzugeben, übernahm zuerst das Feinste, das die Welt zu bieten hatte und adaptierte es daraufhin. So ergab sich für Japan die einmalige Gelegenheit Asien und der asiatischen Rasse Segen zu bringen, eine Gelegenheit, die Japan nur zu gern wahrnahm – »und sich dieser Aufgabe noch intensiver annahm«.

Heutzutage werden nicht nur unsere Gärten, unsere Kunst, unser Heim durch die Blumen, die Bilder und schönen Dinge aus Japan bereichert, ob nun als flüchtiger Augenblick oder als Triumph für alle Zeiten, selbst in der Körperkultur, der öffentlichen Gesundheitspflege, in Lektionen über Krieg und Frieden hat Japan uns seine Hände voll beladen mit Geschenken dargereicht.

Unser Verfasser ist in der Lage uns zu lehren, nicht nur als Vertreter und Anwalt in einer Verteidigungsdebatte, sondern als Prophet und weiser Haushaltsvorstand, reich an alten und neuen Dingen. Niemand anderer in Japan hat die Vorschriften und Umsetzung seines eigenen Bushidō harmonischer in seinem Leben und in seinen Mühen, in seiner Arbeit und seinen Werken, seiner Arbeits- und Schaffenskraft, Kultivierung des Bodens und der Seele in sich vereint. Dr. Nitobe, der die Vergangenheit Großjapans zum Leuchten brachte, ist der wahrhaftige Schöpfer des neuen Japan. Ob in Formosa, das dem

Kaiserreich neu hinzugefügt wurde, oder in Kyōto ist er Gelehrter und Praktiker, der in der neuesten Wissenschaft zu Hause ist und gleichzeitig in der ältesten Sorgsamkeit.

Dieses Büchlein über Bushidō ist mehr als eine gewichtige Botschaft an die angelsächsischen Nationen. Es ist ein bemerkenswerter Beitrag zur Lösung des größten Problems dieses Jahrhunderts – der Aussöhnung und Eintracht zwischen Ost und West.

In der Vergangenheit gab es viele Zivilisationen: In der besseren Welt der Zukunft wird es nur noch eine geben. Selbst die Begriffe »Okzident« und »Orient«, beladen mit gegenseitiger Ignoranz und Anmaßung, wird es bald nicht mehr geben. Japan arbeitet bereits ruhelos an seiner Rolle als Mittler zwischen der Weisheit und dem Kommunismus Asiens und dem Individualismus Europas und Amerikas.

Dr. Nitobe, der mit Altem und Neuem aufwuchs und in der Weltliteratur ausgebildet wurde, zeigt sich für diese Aufgabe als Mittler in bewundernswerter Weise geeignet. Er ist ein wahrer Vermittler und Versöhner. Er muss sich nicht für seine eigene Haltung gegenüber dem Herrn entschuldigen, dem er seit langem loyal folgt, und er tut es auch nicht. Welchem Gelehrten, vertraut mit den Wegen des Geistes und der Geschichte der Menschheit, geleitet vom Unendlichen Freund des Menschen, bleibt nichts anderes übrig als zwischen den Lehren des Gründers und den originalen Dokumenten sowie den ethnischen, rationalistischen und kirchlichen Ergänzungen und Anfügungen zu unterscheiden? Die Lehre der Testamente, auf die im Vorwort des Verfassers hingedeutet wurde, ist die Lehre Gottes, die er nicht zerstören, sondern erfüllen will. Selbst in Japan wird das Christentum, seiner fremden Form und Ummantelung entkleidet, nicht länger exotisch sein, sondern seine Wurzeln tief in den Boden senken, auf dem einst Bushidō wuchs. Die Kirche unseres Herrn wird so ursprünglich sein wie die Luft, sobald sie von allen fremden Einengungen und Reglementierungen befreit ist.

William Elliot Griffis
Ithaca, Mai 1905

Bushidō

KAPITEL 1

Bushidō als ethisches System

Ritterlichkeit ist eine Blume, die in Japan genauso beheimatet ist wie die Kirschblüte, das Symbol Japans. Sie ist kein vertrocknetes Exemplar einer antiken Tugend, die im Herbarium unserer Geschichte aufbewahrt wird, sondern sie ist immer noch lebendig, voller Kraft und Schönheit. Und selbst wenn sie keine greifbare Form annimmt, so erfüllt ihr Wohlgeruch doch zumindest die moralische Atmosphäre und wir stehen noch immer in ihrem Bann. Die gesellschaftlichen Umstände, die sie hervorgebracht und genährt haben, sind seit langem verschwunden. Aber wie die weit entfernten Sterne, die einstmals waren und nun nicht mehr sind, und deren Lichtstrahlen noch immer für uns leuchten, so erhellt das Licht der Ritterlichkeit, die ein Kind des Feudalismus war, auch weiterhin unseren moralischen Pfad und hat den Ausgangspunkt ihrer Entstehung überlebt. Es ist mir ein Vergnügen über dieses Thema mit den Worten von Burke zu reflektieren, der die bekannte, zu Herzen gehende Eulogie über den zu Grabe getragenen europäischen Prototyp sprach.

Hinsichtlich des Fernen Ostens ist es als ein wahres Manko anzusehen, wenn so gebildete Gelehrte wie Dr. George Miller die Ansicht vertreten, dass Ritterlichkeit oder eine ähnliche Einrichtung niemals unter den Völkern der Antike oder bei den modernen Orientalen[4] anzutreffen sei. Eine solche Unkenntnis kann jedoch verziehen werden, da die dritte Auflage des Buches dieses Gelehrten just zu jener Zeit erschienen war als Commodore Perry an die Pforten unserer Abgeschiedenheit klopfte. Mehr als ein Jahrzehnt später, als unser Feudalismus in den letzten Zügen seines Daseins lag, lenkte Karl Marx durch sein Werk »Das Kapital« die Aufmerksamkeit der Leser auf den besonderen Vorteil, den das Studium der gesellschaftlichen und politischen Einrichtungen des Feudalismus mit sich brächte, der zu jener Zeit nur noch in Japan gelebt werde. Ich wiederum würde gerne die westlichen Geschichts- und Ethikstudenten einladen, die Ritterlichkeit des gegenwärtigen Japans zu studieren.

Eine vergleichende historische Untersuchung des europäischen und des japanischen Feudalsystems sowie des Rittertums und Bushidō, ist zwar durchaus verlockend, doch nicht das eigentliche Ziel dieses Buches. Vielmehr möchte ich mich zunächst auf den Ursprung und die Quellen unseres Rittertums beziehen, zweitens dessen Charakter und Lehren beschreiben, drittens dessen Einfluss auf die Massen und viertens möchte ich auf die Beständigkeit und Fortdauer seines Einflusses eingehen. Der erste der genannten Punkte wird nur kurz und oberflächlich abgehandelt, während ich dem zweiten mehr Raum und Tiefe widme, da er mit Sicherheit für Studenten internationaler Ethik und komparativer Ethologie, die unsere Denk- und Handelsweise verstehen wollen, von größtem Interesse sein dürfte. Die restlichen beiden Punkte werden als Folgerungen der vorangegangenen behandelt.

Der japanische Begriff, den ich grob als Rittertum oder Ritterlichkeit wiedergegeben habe, ist in seiner ursprünglichen Bedeutung mehr als nur Reitkunst. *Bu-shi-dō* bedeutet wörtlich übersetzt Militär – Ritter – Wege – die Wege, die kämpfende Adelige im täglichen Leben als auch in ihrem Beruf beachten sollten. Kurzum, die »Regeln für die Ritterschaft«, die *noblesse oblige* für die Kriegerklasse. Da ich

4 *History Philosophically Illustrated* (3. Auflage, 1853) Bd 2, S. 2.

nun die wörtliche Bedeutung dieses Begriffs dargelegt habe, sei es mir hinfort gestattet, das Wort im Original zu verwenden. Es bietet sich zudem an den Originalbegriff zu verwenden, da eine Lehre, die in sich so geschlossen und einmalig ist, eine Lehre, die eine einzigartige Gesinnung und Eigenschaft erzeugt hat, ja die so ortsgebunden ist, nicht anders als mit einem Zeichen ihrer Eigenheit versehen werden kann. Manche Worte haben einen nationalen Klang, der die Eigenschaften einer Rasse in sich trägt und ausdrückt, sodass selbst die besten Übersetzer diesen Ausdrücken kaum gerecht werden, um nicht zu sagen ihnen positive Ungerechtigkeit und Kränkung zuteil werden lassen. Wer kann schon das deutsche Wort *Gemüth* richtig in eine andere Sprache übertragen, ganz zu schweigen von dem Unterschied der beiden verbal so nah verwandten Worte *gentleman* im Englischen und *gentilhomme* im Französischen?

Bushidō ist somit der Kodex moralischer Prinzipien, die von einem Ritter gefordert wurden, oder die er lernte zu beachten. Es ist kein geschriebener Kodex, vielmehr besteht er höchstens aus ein paar Maximen, die mündlich tradiert wurden oder aus der Feder eines bekannten Kriegers oder Gelehrten stammten. Nicht selten ist er ein unausgesprochener, ungeschriebener Kodex, der umso mehr die wirkungsvolle Billigung der veritablen Tat besaß und eines Gesetzes, das in Fleisch und Blut übergegangen war. Bushidō ist nicht einem einzigen Gehirn entsprungen, wie fähig es auch gewesen sein mag, und er baut auch nicht auf dem Leben einer einzelnen Person auf, ganz gleich wie berühmt sie war. Er ist über die Jahrzehnte und Jahrhunderte der Militärgeschichte organisch gewachsen. Und man könnte sagen, dass er sogar die gleiche Position in der Geschichte der Ethik einnimmt wie die Englische Verfassung in der politischen Geschichte. Dennoch hat er nichts aufzuweisen, was mit der Magna Charta oder dem Habeas Corpus Gesetz verglichen werden könnte. Es ist wahr, dass im frühen 17. Jahrhundert Militärgesetze (*Buke shohatto*) verkündet wurden, die jedoch in ihren 13 kurzen Artikeln vor allem den Eheschließungen, Burgen, Bündnissen usw., gewidmet war, didaktische Anordnungen jedoch nur am Rande streifte. Wir können deshalb nicht mit Bestimmtheit einen festen Zeitpunkt oder Ort angeben, den wir als »Quelle« bezeichnen könnten. Der Ursprung kann im Hinblick auf die Zeit der Entstehung durch den Feudalismus definiert werden, da er das Bewusstsein im feudalen Zeitalter erreichte. Aber Feudalismus selbst ist aus vielen Fäden gesponnen, und Bushidō ist ein Bestandteil dieses komplizierten Gebildes. Die politischen Institutionen des Feudalismus in England können in die Zeit der normannischen Eroberung datiert werden, während die Japans gleichzeitig mit dem Aufstieg Yoritomos einsetzten, das heißt im späten 12. Jahrhundert. Die sozialen Elemente des Feudalismus in England können in die Zeit weit vor Wilhelm dem Eroberer zurückverfolgt werden und auch in Japan begann der Feudalismus lange vor der bereits von mir erwähnten Epoche zu keimen.

Sowohl in Japan als auch in Europa trat mit der offiziellen Einführung des Feudalismus die Klasse der berufsmäßigen Krieger in den Vordergrund. Diese waren in Japan als Samurai bekannt, was wörtlich bedeutet, ähnlich wie das altenglische *cnight* (knecht, knight), Garde oder Diener, und die in ihrer Eigenschaft den *soldurii* ähneln, die laut Cäsar in Aquitanien bestanden oder den *comitati*, die nach Tacitus den germanischen Häuptlingen zu seiner Zeit folgten. Oder, um eine spätere Parallele anzuführen, den *milites medii*, die in der Geschichte des mittelalterlichen Europa erwähnt werden. Ein sinojapanisches Wort *Bu-ke* oder *Bu-shi* (kämpfende Ritter) wurde ebenfalls allgemein verwendet. Es handelte sich dabei um eine privilegierte Klasse, die ursprünglich aus rauen Männern bestand, die Kämpfen zu ihrem Beruf gemacht hatten. Diese Klasse setzte sich natürlich aufgrund eines langen Zeitraums ständiger Kriegsführung aus den mannhaftesten und abenteuerlustigsten Männern zusammen. Da die Schwachen und Ängstlichen ausgegliedert wurden, entstand ein »raues Geschlecht, männlich und von roher Kraft«, um es mit den Worten von Emerson auszudrücken, das überleben konnte, Familien gründete und schließlich die Klasse der Samurai bildete. Indem ihnen große Ehren und entsprechende Privilegien zuteil wurden und sie große Verantwortung zu tragen hatten, erkannten sie sehr bald, dass es für das Verhalten eine allgemeingültige Norm geben müsse, da sie unterschiedlichen Clans zugehörig waren und stets angriffslustig und kampfbereit waren. So wie Ärzte den Wettstreit untereinander durch berufsmäßige Höflichkeit eindämmen und Anwälte in Ehrengerichten im Falle verletzter Etikette sitzen, so mussten auch die Krieger einen Rückhalt haben, der es ihnen erlaubte, Missverhalten be- und verurteilen zu können.

Fair Play im Kampf! Welch fruchtbare Keime des Sittlichkeitsgefühls doch in diesem einfachen Empfinden von Wildheit und Kindheit liegen. Doch ist das nicht die Wurzel aller militärischen und zivilen Tugenden? Wir lächeln (wenn wir dem entwachsen sind!) über den knabenhaften Wunsch des kleinen Briten Tom Brown, »dafür bekannt zu sein, niemals einen kleinen Jungen schikaniert oder einem großen den Rücken zugekehrt zu haben«. Weiß nicht ein jeder, dass dieser Wunsch der Grundstein ist, auf dem moralische Strukturen ungeheuren Ausmaßes errichtet werden können? Sollte ich nicht sogar so weit gehen zu behaupten, dass die vornehmsten und den Frieden am meisten liebenden Religionen dieses Streben befürworten? Toms Wunsch ist die Grundlage, auf der die Größe Englands weitestgehend aufgebaut ist, und es wird nicht mehr lange dauern, bis erkannt wird, dass Bushidō auf gleichem Niveau anzusiedeln ist. Kämpfen an sich, sei es defensiv oder offensiv, ist, wie Quäker zu Recht bestätigen, brutal und falsch, und wir können mit Lessing sagen, »ich weiß aus welchen Fehlern unsere Tugend keimt«.[5, 6]

---

5 aus Nathan der Weise. (AdÜ)

6 John Ruskin war einer der sanftmütigsten und friedliebendsten Menschen, die je gelebt haben. Dennoch glaubte er an den Krieg mit dem ganzen Eifer eines Anhängers eines mühevollen Lebens. »Nun, wenn ich Ihnen sage, dass Krieg das Fundament aller Künste ist, dann meine ich damit, dass er auch das Fundament aller hoher Tugenden und Fähigkeiten des Menschen ist. Es war für mich eine seltsame Entdeckung, und zudem sehr schrecklich, aber ich begriff, dass es eine unwiderlegbare Tatsache ist. … Kurz gesagt, fand ich heraus, dass alle großen Nationen im Krieg die Wahrheit des Wortes und ihre Stärke erlernt haben; dass sie durch den Krieg genährt und durch den Frieden wertlos wurden; dass der Krieg sie lehrte und der Frieden sie betrog; dass der Krieg sie erzog, und der Frieden sie verriet; in einem Wort, im Krieg wurden sie geboren und im Frieden gingen sie unter.« Aus *Crown of Wild Olive.*

»Kriecher« und »Feigling« sind Schimpfworte tiefster Schmach für gesunde einfache Naturen. Die Kindheit beginnt mit solchen Denkbildern und die Ritterschaft ebenfalls, doch je weiter das Leben voranschreitet und die Beziehungen vielseitiger werden, sucht der frühe Glaube Billigung von einer höheren Autorität und rationalere Gründe für die eigene Rechtfertigung, Satisfaktion und Entwicklung. Hätten militärische Systeme ohne den Beistand einer höheren Moral operiert, wie weit wäre die Ritterlichkeit der Ritterschaft wohl gekommen? In Europa beeinflusste das Christentum trotz der Zugeständnisse an die Ritterlichkeit es mit seinen geistigen Werten. »Religion, Krieg und Ruhm waren die drei Seelen eines perfekten christlichen Ritters«, sagt Lamartine. In Japan gab es mehrere Ursprünge, aus denen Bushidō gespeist wurde.

KAPITEL 2

Die Quellen von Bushidō

Ich möchte mit dem Buddhismus beginnen. Er lieferte ein Gefühl des ruhigen Vertrauens in das Schicksal, eine stille Unterwerfung unter das Unvermeidliche, die stoische Gelassenheit angesichts von Gefahr oder Unglück, diese Geringschätzung des Lebens und die Gewogenheit gegenüber dem Tod. Wenn ein angesehener Lehrer der Schwertkunst erkannte, dass sein Schüler das Höchste seiner Kunst zu meistern verstand, sagte er ihm, dass »darüber hinaus meine Unterweisung der Zen-Lehre weichen muss«. »Zen« ist das Äquivalent für Dhyana, das die menschliche Anstrengung verkörpert, durch die Meditation Ebenen zu erreichen, die sich über den Bereich verbaler Ausdrucksweise erheben«.[7] Die Methode von Zen ist die Kontemplation mit dem Ziel, so weit ich verstanden habe, von einem Prinzip, das allen Phänomen zugrunde liegt, und wenn möglich vom Absoluten selbst überzeugt zu sein, sodass man sich selbst damit in Einklang bringen kann. Diese Definition ist mehr als ein Dogma einer Sekte, und wer immer die Wahrnehmung des Absoluten erreicht, erhebt sich selbst über die weltlichen Dinge und begreift »einen neuen Himmel und eine neue Erde«.

Was der Buddhismus nicht bieten konnte, bot der Shintōismus in Überfülle dar. Die Loyalität gegenüber dem Herrscher, die Verehrung des Andenkens der Ahnen und die kindliche Pietät werden von keinem anderen Glauben gelehrt, sondern durch die Shintō-Doktrinen eingeprägt, was dem sonst hochmütigen Charakter der Samurai Pas-

7 Lafcadio Hearn, *Exotics and Retrospectives*, S. 84.

sivität vermittelte. Shintō-Theologie hat keinen Platz für das Dogma der »Erbsünde«. Sie glaubt im Gegenteil an die innewohnende Güte und die gottgleiche Reinheit der menschlichen Seele, die sie als Allerheiligstes verehrt und aus dem die göttlichen Orakel hervorgehen. Jedermann kann beobachten, dass die Shintōschreine gänzlich frei von Gegenständen und Geräten der Verehrung sind, und dass nur ein einfacher Spiegel, der im Heiligtum hängt, den wesentlichen Teil der Einrichtung bildet. Wer vor dem Schrein steht, um seine Verehrung darzubringen, sieht nur sein eigenes Bild auf der schimmernden Fläche des Spiegels, und der Akt der Verehrung ist gleich der alten delphischen Aufforderung »Erkenne dich selbst«. Aber die Selbsterkenntnis impliziert weder in der griechischen noch der japanischen Lehre die Kenntnis des physischen Teils des Menschen noch seiner Anatomie oder seiner Psychophysik. Erkenntnis war mehr von moralischer Art, die Einsicht in unsere moralische Natur. Mommsen, der Griechen und Römer miteinander verglich, sagte, dass erstere beim Gebet die Augen gen Himmel richteten, da das Gebet Kontemplation war, während der Römer sein Haupt bedeckte, da er über sich selbst nachdachte. Unsere Reflektion, die im Wesentlichen der römischen Auffassung von Religion entspricht, brachte nicht so sehr die Moral als vielmehr das nationale Bewusstsein des Individuums zum Vorschein. Die Verehrung der Natur war die tief in unseren Seelen verankerte Liebe zu unserem Land, während die Ahnenverehrung, die von einer Generation zur anderen weitergegeben wurde, die kaiserliche Familie zum Quell der gesamten Nation erhob. Für uns ist Japan mehr als das Land und der Boden, in dem wir nach Gold suchen und auf dem das Korn reift – es ist die geheiligte Wohnstätte der Götter, der Geister unserer Vorfahren: Für uns ist der Kaiser mehr als der Erzwächter eines Rechtstaats oder der Patron eines Kulturstaates – er ist der leibliche Vertreter des Himmels auf Erden, der in seiner Person die Macht und Gnade des Himmels vereint. Wenn das, was Émile Gaston Boutmy[8] vom englischen Königtum sagt, zutrifft, nämlich dass es »nicht nur das Bild der Autorität ist, sondern das des Schöpfers und das Symbol der nationalen Einheit«, dann, so glaube

---

8 *The English People*, S. 188.

ich, kann diese Ansicht doppelt und dreifach für das Königtum in Japan bejaht werden.

Die Grundsätze des Shintōismus umfassen die beiden herausragenden Eigenschaften des emotionalen Lebens unseres Geschlechts – Patriotismus und Loyalität. Arthur May Knapp sagt sehr treffend: »in der hebräischen Literatur ist es oft schwer zu entscheiden, ob der Verfasser von Gott oder der Allgemeinheit spricht, vom Himmel oder von Jerusalem, vom Messias oder von der Nation als solcher«[9]. Eine ähnliche Verwirrung kann bei der Nomenklatur unseres nationalen Glaubens festgestellt werden. Ich sagte Verwirrung, da es von einem logischen Intellekt aufgrund der verbalen Zweideutigkeit als solche erachtet wird. Shintō, der mehr das Rahmenwerk des nationalen Instinkts und der Gefühle unseres Geschlechts darstellt, gab niemals vor eine systematische Philosophie oder rationale Theologie zu sein. Diese Religion – oder sollte man besser sagen, die Gefühle unseres Geschlechts, die diese Religion zum Ausdruck bringt? – erfüllte Bushidō mit Loyalität zum Herrscher und der Liebe zur Heimat. Diese Gefühle waren jedoch mehr Impulse als Doktrinen, denn Shintō, anders als die mittelalterliche christliche Kirche, schrieb seinen Anhängern kaum irgendein Glaubensbekenntnis vor, sondern gab ihnen vielmehr eine einfache und geradlinige Handlungsordnung an die Hand.

Was jedoch die strikten ethischen Doktrinen betrifft, so sei hier die Lehre des Konfuzius genannt, die für Bushidō die ergiebigste Quelle der Moral war. Der Konfuzianismus fasste in Worte, was uns Japanern bereits innewohnte, aber erst durch die Einführung der konfuzianischen Schriften aus China schriftlich bestätigt wurde: die fünf moralischen Beziehungen zwischen Herrn und Diener (dem Regierenden und dem Regierten), Vater und Sohn, Ehemann und Ehefrau, älterem und jüngerem Bruder, und zwischen Freund und Freund. Der ruhige, gütige abgeklärte Charakter dieser politisch-ethischen Verhaltensmaßregeln passte hervorragend zu den Samurai, welche

9 *Feudal and Modern Japan*, Bd. 1, S. 183.

die herrschende Klasse bildeten. Der aristokratische und konservative Ton entsprach genau den Anforderungen dieser Staatsmänner der Kriegerklasse. Neben Konfuzius übte Menzius gewaltigen Einfluss auf Bushidō aus. Menzius' überzeugende und oftmals demokratische Theorien waren für mitfühlende Naturen außerordentlich anziehend. Diese Theorien wurden sogar als gefährlich und subversiv für die bestehende soziale Ordnung betrachtet, sodass das Werk von Menzius lange Zeit unter Zensur stand; dennoch fanden die Worte dieses herausragenden Geistes einen dauerhaften Platz im Herzen der Samurai.

Die Schriften von Konfuzius und Menzius bildeten die hauptsächlichen Textbücher für die Jugend und galten als die höchste Autorität unter den Alten. Eine alleinige Kenntnis der klassischen Bücher dieser beiden Weisen wurde jedoch nicht besonders geschätzt. Ein allgemeines Sprichwort bespöttelt jeden, der nur das intellektuelle Wissen von Konfuzius besitzt, als einen Mann, der zwar stets gelehrig ist, aber die Analekten nicht kennt. Ein typischer Samurai bezeichnet einen in der Literatur bewanderten Gelehrten als einen Bücherwurm. Ein anderes Sprichwort vergleicht das Lernen mit einem übelriechenden Gemüse, das immer wieder gekocht werden muss, bevor es genießbar ist. Einem Mann, der nur wenig gelesen hat, haftet der Geruch eines Pedanten an, umso mehr einem Manne, der viel gelesen hat, beide sind unangenehm. Der Verfasser meinte hiermit, dass Wissen erst dann zum Tragen kommt, wenn es im Geist des Lernenden verankert ist und sich in seinem Gebaren zeigt. Ein intellektueller Spezialist galt als eine Maschine. Der Intellekt selbst wurde als der ethischen Emotion untergeordnet betrachtet. Mensch und Universum wurden zugleich als spirituell und ethisch wahrgenommen. Bushidō konnte das Urteil von Huxley nicht annehmen, nach dem der kosmische Vorgang unmoralisch war.

Bushidō nahm Wissen als solches auf die leichte Schulter. Es wurde nicht als ein Endziel an sich verfolgt, sondern als ein Mittel Weisheit zu erlangen. Wer jedoch kurz vor diesem Ziel aufhörte, wurde gleichbedeutend mit einer bequemen Maschine betrachtet, die auf Befehl

Gedichte und Maxime von sich geben konnte. Wissen galt deshalb als identisch mit der praktischen Umsetzung im Leben. Diese sokratische Doktrin fand ihren größten Vertreter in dem chinesischen Philosophen Wang Yangming, der nie müde wurde den folgenden Satz zu wiederholen: »Wissen und Handeln sind eins«.

Man möge mir den kurzen Exkurs bei diesem Thema nachsehen, aber die Lehren dieses weisen Mannes beeinflussten die edelsten unserer *bushi* in starkem Maße, sodass ich darauf eingehen muss. Westliche Leser werden in seinen Schriften viele Parallelen zum Neuen Testament entdecken. Die Passage »Trachtet am ersten nach dem Reich Gottes und nach seiner Gerechtigkeit, so wird euch solches alles zufallen«[10], vermittelt einen Gedanken, der fast auf jeder Seite von Wang Yangming zu finden ist. Ein japanischer Anhänger[11] von Wang Yangming sagte: »Der Herr von Himmel und Erde, von allen Lebewesen, wohnt im Herzen des Menschen und wird zu seiner Gesinnung (*Kokoro*), infolgedessen ist die Gesinnung etwas Lebendiges und ewig Strahlendes«, und weiter: »Das spirituelle Licht unseres eigentlichen Wesens ist rein und nicht vom Willen des Menschen beeinflusst. Wenn es in unserem Geist spontan zum Vorschein kommt, zeigt es uns, was Recht und Unrecht ist; dies wird als Bewusstsein bezeichnet. Es ist das Licht, das vom Himmelsgott ausgeht.« Wie sehr ähneln solche Worte doch einigen Passagen aus Isaac Penningtons Werk und denen anderer philosophischer Mystiker! Ich bin sogar geneigt anzunehmen, dass die japanische Gesinnung, wie sie in den einfachen Grundsätzen des Shintō zum Ausdruck kommt, für die Aufnahme der Prinzipien von Wang Yangming besonders offen war. Wang Yangmings Lehre von der Unfehlbarkeit des Bewusstseins ging bis zum extremen Transzendentalismus. Er schrieb dem Bewusstsein nicht nur die Fähigkeit der Wahrnehmung und Unterscheidung von Recht und Unrecht zu, sondern auch die Unterscheidungsfähigkeit zwischen physikalischen Tatsachen und physischen Phänomenen. Er ging in seinem Idealismus so weit wie Berkeley und Fichte, er ging

10 Matthäus 6.33. (AdÜ)
11 Miwa Shissai (1669–1744).

vielleicht sogar noch einen Schritt weiter, indem er die Existenz der Dinge außerhalb des menschlichen Horizonts verneinte. Wenngleich seinem System alle Irrtümer innewohnten, die dem Solipsismus zuzuschreiben sind, so war ihm dennoch eine starke Überzeugungskraft zu eigen, und es ist nicht zu leugnen, dass die moralische Tragweite seines Denkens sich auf die Individualität des Charakters und die Gelassenheit des Naturells auswirkte.

Die essentiellen Prinzipien, die Bushidō aus den Quellen, gleich welcher Art, bezog und assimilierte, waren sehr wenige und einfache, jedoch ausreichend für eine sichere Lebensführung selbst in den unsichersten Tagen der unruhigsten Zeit in der Geschichte unserer Nation. Die gesamte, ungekünstelte Natur unserer Kriegervorfahren bezog ihre geistige Nahrung aus einem Bündel allgemeingültiger und fragmentarischer Lehren, die hier und da aus dem Denken alter Zeit zusammengetragen waren. Die Anforderungen der jeweiligen Zeitumstände stimulierten diese Denkweise, deren Nachlese einen neuen und einzigartigen Menschheitsschlag formte. Ein scharfsinniger französischer Gelehrter, Marquis de la Mazelière fasst seine Eindrücke des 16. Jahrhunderts folgendermaßen zusammen: »Gegen Mitte des 16. Jahrhunderts befindet sich ganz Japan im Chaos, in der Regierung, der Gesellschaft und der Kirche. Aber die Bürgerkriege und die Rückkehr zu rohen Sitten, die Notwendigkeit, nach der jeder einzelne selbst Gerechtigkeit ausüben musste – das alles formte Männer, die jenen Italienern des 16. Jahrhunderts vergleichbar sind, und die Taine folgendermaßen beschrieb: ›kraftvoll entschlossen, mit dem Hang zu schnellen Lösungen und verzweifelten Unternehmungen, der großartigen Fähigkeit zu handeln und zu leiden.‹ In Japan und in Italien ›führten die rauen Sitten des Mittelalters dazu aus einem Mann ein erstklassiges Tier zu machen, vollkommen militant und vollkommen widerstandsfähig.‹ Das ist der Grund, warum das 16. Jahrhundert den höchsten Grad an erstrangiger Güte der japanischen Rasse zeigt, die große Vielfalt, die unter den Gesinnungen (Geist) und Temperamenten zu finden ist. Während sich in Indien und China Männer hauptsächlich durch den Grad an Energie oder Intelligenz unterschieden, war der Unterschied in Japan vor allem in der Originalität des Charakters begründet. Individualität ist ein Kennzeichen der überlegenen Rassen und bereits entwickelten Zivilisationen. Man kann hier nach Nietzsche sagen, dass man »in Asien über Ebenen spricht, wenn es um die menschliche Natur geht, in Japan und Europa jedoch über die Berge, die sich darüber erheben.«

Wir wenden uns nun den herausragenden Eigenschaften der Männer zu, die de la Mazelière beschrieben hat. Ich werde mit der Rechtschaffenheit beginnen.

KAPITEL 3

Rechtschaffenheit oder Gerechtigkeit

Hierin erkennen wir das überzeugendste Prinzip im Kodex der Samurai. Nichts ist ihm mehr zuwider als Geschäfte unter der Hand und krumme Geschäfte. Die Auffassung von Rechtschaffenheit mag irreführend sein – sie ist vielleicht zu eng gesteckt. Ein bekannter *bushi* definiert sie als die Entschlusskraft: »Rechtschaffenheit ist die Kraft, ohne zu zögern sich für eine Verhaltensweise je nach Anlass zu entscheiden; – zu sterben, wenn der Tod angebracht ist und zuzuschlagen, wenn es erforderlich ist.« Ein anderer Krieger drückte sich folgendermaßen aus: »Rechtschaffenheit sind die Knochen, die dem Körper die Festigkeit und Form verleihen. Ohne Knochen kann der Kopf nicht auf der Wirbelsäule ruhen, noch können die Hände bewegt werden oder die Füße stehen, weshalb weder Talent noch Lernen aus einem menschlichen Körper einen Samurai machen können. Ohne diese Fähigkeit ist er ein Nichts.« Menzius bezeichnete Güte als die Gesinnung des Menschen, Rechtschaffenheit oder Gerechtigkeit als des Menschen Weg. »Wie bedauerlich ist es«, so rief er aus, »den Weg zu vernachlässigen und nicht zu verfolgen, den Verstand zu verlieren und ihn nicht wieder zu erlangen! Wenn der Mensch Hühner und Hunde verliert, weiß er, wie er sie wiederfinden kann, aber wenn der Mensch den Verstand verliert, weiß er nicht, wie er danach suchen soll.« Wurde diese Parabel, wie in einem trüben Glas, 300 Jahre später von einem noch größeren Lehrmeister in einem anderen Land dargelegt, einem Manne, der sich selbst als den »Weg der Rechtschaffenheit« bezeichnete und durch den das Verlorene wiedergefunden werden konnte? Aber ich schweife vom Thema ab. Nach Menzius ist die Rechtschaffenheit ein geradliniger und schmaler Pfad, den ein Mann beschreiten sollte, um das verlorene Paradies wieder zu erlangen.

Selbst in den späten Tagen des Feudalismus, als der langanhaltende Frieden Muße in das Leben der Kriegerklasse brachte und damit alle Arten Zerstreuung und leichte Aufgaben, galt die Bezeichnung *Gishi* (ein Mann von Rechtschaffenheit) als Ausdruck der Überlegenheit eines Mannes, der höher eingestuft wurde als jeder, der es im Studium oder der Kunst zur Meisterschaft gebracht hatte. Die siebenundvierzig Getreuen – von denen so viel in unserer Volkserziehung gesprochen wird – werden im allgemeinen Sprachgebrauch die siebenundvierzig *Gishi* genannt.

In Zeiten, in denen Durchtriebenheit, ja geradezu Falschheit als Kriegslist für den militärischen Erfolg unabdingbar war, strahlte diese männliche Tugend der Offenheit und Ehrlichkeit als das hellste Juwel und wurde am höchsten gepriesen. Rechtschaffenheit ist der Zwillingsbruder von Tapferkeit, einer weiteren kriegerischen Tugend. Doch bevor ich näher darauf eingehe, möchte ich mich ein wenig mit einem Begriff auseinandersetzen, der von Rechtschaffenheit abgeleitet, auf den ersten Blick keinen großen Unterschied zu zeigen scheint, bei eingehender Betrachtung jedoch zu einem Begriff pervertierte, der von der ursprünglichen Bedeutung entfernt ist. Ich spreche hier von *Giri*, wörtlich der gerechte Grund. Im Laufe der Zeit wandelte sich jedoch dieser Begriff zu einem Synonym für Pflichtauffassung, die eine unbedingte Erfüllung implizierte. In seinem ursprünglichen und unverfälschten Sinne bedeutete Giri ganz einfach Pflicht, demzufolge wir von *Giri* sprechen, die wir unseren Eltern, Höhergestellten, Niedriggestellten, der Gesellschaft als ganzer und so weiter schulden. In diesen Fällen steht *Giri* für Pflicht, denn ist Pflicht nichts anderes als ein gerechter Grund, der von uns das Rechte verlangt und uns befiehlt es zu tun? Sollte der gerechte Grund nicht unser kategorischer Imperativ sein?

Giri bedeutete zunächst nicht mehr als Pflicht, und ich wage zu behaupten, dass die Herkunft dieses Begriffs sich aus dem Verhalten gegenüber unseren Eltern ableitete, das allein von Liebe bestimmt sein sollte, dass jedoch im Falle fehlender Zuneigung die kindliche Pietät durch eine andere Autorität veranlasst werden musste. Daraus entstand *Giri* als Autorität – denn wenn Liebe nicht die Antriebskraft für moralisches Verhalten ist, muss der Mensch sich auf seinen Verstand verlassen können, der ihm sagt, wie er richtig zu handeln hat. Das gleiche gilt für alle anderen moralischen Verpflichtungen. Wenn die Pflichterfüllung zu einer Last wird, hilft der gerechte Grund, dass wir uns nicht vor der Verantwortung drücken. *Giri* ist somit als ein ernster Zuchtmeister zu verstehen, der mit der Birkenrute in der Hand Faulpelze zum Handeln antreibt. In der Ethik ist *Giri* eine sekundäre Kraft, die als ein Motiv der christlichen Doktrin der Liebe, die *das* Gesetz sein sollte, unterlegen ist. Ich betrachte *Giri* als ein Produkt, das durch die Bedingungen einer künstlichen Gesellschaft erschaffen wurde – einer Gesellschaft, in der Abstammung und unverdiente Gunst Klassenunterschiede institutionalisierten, in der die Familie die soziale Einheit bedeutete, in der aber auch dem Alter mehr Gewicht beigemessen wurde als herausragenden Talenten, einer Gesellschaft, in der sich die natürlichen Zuneigungen oftmals den willkürlich geschaffenen Sitten zu beugen hatten. Aufgrund dieser Unnatürlichkeit verkümmerte *Giri* mit der Zeit zu einer Art Anstand von vager Bedeutung, um Willkür zu sanktionieren und zu erklären – beispielsweise warum eine Mutter alle Kinder zugunsten des Erstgeborenen opfern oder warum eine Tochter ihre Keuschheit verkaufen musste, um Gelder für die Ausschweifungen ihres Vaters aufzubringen und dergleichen mehr. Nach meiner Meinung ist *Giri*, das zuerst für einen gerechten Grund stand, zu einer Art Behandlung von Gewissensfällen herabgesunken. Es degenerierte sogar so sehr, dass es zu einer feigen Furcht vor der Zensur verkümmerte. Ich möchte Scott und dessen Ansicht von Patriotismus zitieren, der ihn als »das Fairste beschrieb, häufig aber eine der verdächtigsten Masken ist, hinter der sich andere Gefühle verbergen«, und das Gleiche von *Giri* behaupten. *Giri* wurde zu einem monströsen Unwort, hinter dem sich jede Art von Sophisterei und Scheinheiligkeit verbarg, ob nun als gerechter Grund ausgeführt oder nicht. Hätte Bushidō nicht einen scharfen Verstand für Recht und Unrecht, Wagemut und Duldsamkeit entwickelt, wäre *Giri* zu einem Zufluchtsort für Feigheit geworden.

KAPITEL 4

Wagemut und Duldsamkeit

Mut verdient kaum als Tugend betrachtet zu werden, außer er dient einer gerechten Sache. Konfuzius definiert in den Analekten Mut, wie es seine Gepflogenheit war, durch das Negative. »Das Richtige wahrzunehmen und es nicht zu tun, ist ein Mangel an Mut«, sagt Konfuzius. Um es positiv auszudrücken: »Mut ist, wenn man das tut, was richtig ist«. Sich selbst allen möglichen Gefahren auszusetzen, sich selbst zu gefährden, sich in die Klauen des Todes zu stürzen, wird oftmals mit Tapferkeit identifiziert, und beim Dienst an der Waffe wird ein raues Verhalten – das Shakespeare als »falsch verstandene Tapferkeit« bezeichnet, oftmals zu Unrecht gelobt, nicht aber in den Regeln der Ritterschaft. Für eine unwürdige Sache sein Leben zu geben wurde als Tod eines Hundes bezeichnet. »Sich in das Schlachtengetümmel zu stürzen und sich darin abschlachten zu lassen«, so der Fürst von Mito, »ist einfach und der dümmste Bauernlümmel kann das, aber«, so fährt der Fürst fort, »wahrer Mut ist zu leben, wenn es die richtige Zeit zu leben ist und zu sterben, wenn es die richtige Zeit zum Sterben ist«. Der Fürst hatte noch nicht einmal den Namen Platos gehört, der Mut folgendermaßen definiert: »es ist das Wissen um die Dinge, die ein Mann fürchten und nicht fürchten sollte«. Uns Japanern ist seit langem bekannt, dass im Westen zwischen dem moralischen und dem physischen Mut unterschieden wird. Welcher junge Samurai hat nicht schon vom »großen Heldenmut« und dem »Heldenmut eines Leibeigenen« gehört?

Jugendliche Gemüter werden leicht von Seelengrößen wie Heldenmut, Stärke, Tapferkeit, Furchtlosigkeit und Mut in den Bann gezogen, die als die beliebtesten Tugenden antrainiert und durch Beispiele erlernt werden können, und denen die Jugend gerne nacheifert. Geschichten von militärischen Heldentaten werden vor den Jungen wiederholt, kaum dass sie von der Mutterbrust entwöhnt wurden. Weint ein kleiner Jungen wegen eines jeden Schmerzes? Die Mutter würde ihn mit den Worten schimpfen »Nur ein Feigling weint wegen eines nichtigen Schmerzes! Was machst du erst, wenn dein Arm in der Schlacht abgeschlagen wird? Was ist, wenn du dir den Bauch aufschlitzen und *seppuku* begehen sollst?« Wir alle kennen die pathetische Stärke des ausgehungerten kleinen Prinzen von Sendai, der im Drama zu seinem kleinen Pagen sagt, »Siehst du die winzigen Spatzen dort in dem Nest, wie sie ihre gelben Schnäbel weit geöffnet haben und nun sieh! Dort kommt ihre Mutter mit Würmern, um sie zu füttern. Wie gierig und glücklich diese Kleinen fressen! Aber für einen Samurai ist es eine Schande Hunger zu empfinden, selbst wenn sein Magen leer ist«. Anekdoten von innerer Stärke und Tapferkeit füllten die Erzählungen der Ammen, doch sie waren nicht das einzige Mittel den Geist mit Wagemut und Furchtlosigkeit zu durchdringen. Eltern stellten ihren Kindern manchmal Aufgaben, die alles, was in ihnen steckte, abverlangte, selbst wenn diese Strenge schon an Grausamkeit grenzte. »Bären schleudern ihre Jungen in die Schlucht«, sagten sie. Söhne von Samurais mussten oft hinab ins tiefe Tal der Entbehrung hinabsteigen und wurden zu Sisyphusaufgaben angetrieben. Gelegentlicher Nahrungsentzug oder Aussetzen in der Kälte wurde als eine hochwirksame Probe angesehen, sich an Durchhaltevermögen zu gewöhnen. Kinder wurden im zarten Alter mit völlig Fremden zur Überbringung einer Nachricht geschickt, mussten vor dem Sonnenaufgang aufstehen oder sich vor dem Frühstück barfuß im kalten Winter zum Unterricht zu ihrem Lehrer begeben. Häufig kamen sie – ein oder zweimal im Monat – am Fest eines Gottes des Lernens in kleinen Gruppen zusammen und verbrachten schlaflos die Nacht mit lautem Vorlesen im Wechsel. Pilgerreisen zu allen möglichen unheimlichen Orten – Hinrichtungsplätzen, Friedhöfen, Häusern, von denen es hieß, dass es in ihnen spukt, waren der Lieblingszeitvertreib unter der Jugend. Zu Zeiten, als Enthauptungen öffentlich waren, mussten kleine Jungen nicht nur der grausigen Szene beiwohnen, sondern wurden zudem noch des Nachts allein in der Dunkelheit zu diesen Orten geschickt, um auf dem rumpflosen Kopf ein Zeichen ihres Besuches zu hinterlassen.

Erfüllt dieses ultraspartanische System[12] zum »Drill der Nerven« nicht jeden modernen Pädagogen mit Schrecken und Zweifel – Zwei-

---

12 Der spirituelle Aspekt von Heldenmut wird durch die Selbstbeherrschung bezeugt – Gelassenheit des Geistes. Seelenruhe ist Mut in Gelassenheit. Er ist eine statische Manifestation des Heldenmuts, während der Wagemut dynamisch ist. Ein wirklich tapferer Mann ist immer heiter; er kann durch nichts überrascht werden und nichts bringt ihn aus seiner Gelassenheit. In hitziger Schlacht bleibt er kühl, inmitten von Katastrophen behält er seinen Gleichmut. Erdbeben können ihn nicht erschüttern und über Stürme lacht er. Wir bewundern ihn als wahrhaft groß, ihn, der bei drohender Gefahr oder bevorstehendem Tod seine unerschütterliche Ruhe bewahrt, der zum Beispiel unter bevorstehendem Untergang noch ein Gedicht schreiben oder angesichts des Todes ein Lied summen kann. Solche Duldsamkeit, die weder beim Schreiben noch in der Stimme ein Zittern zeigte, wird als unmissverständlicher Hinweis auf eine große Seele verstanden, was wir im Japanischen als gelassene Ruhe (*yoyū*) bezeichnen, als einen Geist, der immer noch Raum besitzt und weit von Unterdrückung oder Überlastung entfernt ist.
Auch heute ist als ein Stück authentische Geschichte die Erzählung von Ōta Dōkan unter uns Japanern bekannt, nach der dieser Mann, der die Burg von Tokyo erbaut hatte, von einem Speer durchbohrt wurde. Sein Mörder wusste, dass sein Opfer eine Vorliebe für Gedichte hatte und begleitete seinen Speerwurf mit folgenden Versen:

> »Ah wie doch in Momenten wie diesem Unser Herz
> das Licht des Lebens beneidet.«

Woraufhin unser Held, ohne von der tödlichen Wunde auch nur im geringsten beeindruckt zu sein, im Sterben die folgenden Verse hinzufügte:

> »Wenn es nicht in den Stunden des Friedens gelernt hätte das Leben
> als geringfügig zu betrachten.«

In einem mutigen Geist findet sich auch ein sportliches Element. Dinge, die dem einfachen Volk als ernst erscheinen, sind für den Wackeren oft nur ein Spiel. In der alten Kriegskunst kam es durchaus nicht selten vor, dass sich die kämpfenden Parteien einen Schlagabtausch mit Worten lieferten oder mit einem Rhetorikwettbewerb den Kampf begannen, der nicht allein eine Angelegenheit brutaler Gewalt war, sondern auch ein intellektuelles Engagement. Die Schlacht, die an den Ufern des Koromo-Flusses im späten 11. Jahrhundert ausgetragen wurde, war von dieser Art. Die östliche Armee wurde besiegt und deren Anführer Sadato suchte sein Heil

fel, ob dadurch nicht der Hang zur Brutalität gefördert wurde, wenn zarte Gefühle bereits früh im Keim erstickt werden? Welch andere Auffassung von Heldenmut hatte Bushidō zu bieten?

---

in der Flucht. Als der ihn verfolgende General ihm hart zusetzte und laut ausrief, »es ist eine Schande für einen Krieger, dem Feind den Rücken zuzuwenden«, zügelte Sadato sein Pferd, woraufhin der Anführer der Siegerpartei einen Stegreifverse rief: »In Fetzen zerrissen ist der Kettfaden der Kleidung« (*koromo*). Kaum waren ihm diese Worte über die Lippen gekommen, als der besiegte Krieger unverzagt das Gedicht vollendete:

»Weil durch das lange Tragen die Fäden verschlissen sind.«

Yoshiie, der die ganze Zeit über seinen Bogen gespannt hatte, senkte ihn, wandte sich ab und überließ sein Opfer sich selbst. Als er nach dem Grund für dieses seltsame Verhalten gefragt wurde, antwortete er, dass er einem Manne, der angesichts einer heißen Verfolgungsjagd durch einen Feind seinen kühlen Kopf bewahrt hatte, keine Schande zufügen konnte.
Der Gram, der Antonius und Oktavian beim Tode von Brutus überkam, war unter tapferen Männern durchaus üblich. Uesugi Kenshin, der 14 Jahre lang gegen Takeda Shingen gekämpft hatte, brach in Tränen aus, als er vom Tode Shingens erfuhr, mit dem er den »besten seiner Feinde« verloren hatte. Dieser Kenshin hatte im Umgang mit Shingen Edelmut gezeigt. Shingens Provinz lag in einer bergigen Gegend weit ab vom Meer, sodass er infolgedessen von der an der Tōkaidō gelegenen Hōjō-Provinz abhängig war, die den Zugang zum Meer und dessen Salz ermöglichte. Der Fürst Hōjō beabsichtigte Shingen zu schwächen, obgleich er nicht in offener Fehde mit ihm lag, und schnitt ihm kurzerhand den Weg zum Meer ab. Kenshin vernahm, dass sich sein Feind in einem Dilemma befand. Da er selbst Salz aus seinem Herrschaftsgebiet besaß, verfasste er einen Brief an Shingen, in dem er kundtat, dass er die Handlungsweise des Hōjō-Fürsten als niederträchtig betrachte und dass er, obwohl er und Shingen sich im Kriegszustand befänden, nicht mit »Salz, sondern mit dem Schwert« kämpfe. Kenshin ordnete daraufhin an, dass seine Untertanen Shingen mit soviel Salz, wie dieser benötige, versorgen sollten. Ähnliches finden wir in den Worten des Camillus, der sagte, »wir Römer kämpfen nicht mit Gold, sondern mit Eisen«. Und Nietzsche trat für das Herz des Samurai ein, als er schrieb: »Du musst stolz auf deinen Feind sein; denn der Erfolg deines Feindes ist auch dein Erfolg«. Sowohl Tapferkeit als auch Ehre erfordern, dass wir im Krieg nur diejenigen als Feinde haben sollten, die wir im Frieden als Freunde betrachten würden. Wenn Heldenmut seine höchste Stufe erreicht, kommt er der Menschlichkeit nahe.

KAPITEL 5

Mitmenschlichkeit, das Gefühl für Leid

Liebe, Großmut, Zuneigung zu anderen, Sympathie und Mitleid galten schon immer als die höchsten Tugenden, als die höchsten aller Eigenschaften der menschlichen Seele. Mitmenschlichkeit wurde in doppeltem Sinne als die fürstliche Tugend angesehen: fürstlich unter den vielfältigen Attributen eines edlen Geistes; fürstlich als besonders ziemend für den Fürstenstand. Wir brauchten keinen Shakespeare – oder vielleicht doch, so wie der Rest der Welt, um in Worte zu fassen, dass Gnade einem Monarchen besser zu Gesicht stünde als die Krone, und höher wäre als seine hoheitliche Macht. Wie oft sprachen Konfuzius und Menzius davon, dass die Mitmenschlichkeit die höchste Anforderung an einen Herrscher stelle. Konfuzius[13] sagte: »Der Herrscher kultiviert zuerst seine Tugend, wenn er tugendhaft ist, kommen die Menschen von selbst zu ihm. Mit den Menschen kommt das Land zu ihm und mit dem Land der Wohlstand, den er zu nutzen weiß. Tugend ist die Wurzel und Wohlstand eine Folge davon«. Und er fährt fort: »Noch nie gab es einen Herrscher, der die Menschlichkeit liebte und das Volk die Aufrichtigkeit nicht liebte«. Menzius folgt dem auf dem Fuße und meint: »Es gibt Beispiele von Personen, die in einem einzelnen Staat höchste Macht erlangten, aber ich habe noch nie gehört, dass einem Mann ein ganzes Reich in die Hände fiel, der nicht die Tugend der Mitmenschlichkeit besaß«. Und weiter: »Es ist unmöglich, dass jemand der Herrscher des Volkes wer-

13 *Great Learning,* Kap. X, 6.7. (AdÜ)

den kann, dessen Herzen ihm nicht untertan sind«. Sowohl Konfuzius als auch Menzius definierten diese unerlässliche Voraussetzung für einen Herrscher, indem sie sagten: »Mitmenschlichkeit – Mitmenschlichkeit ist Mensch sein«. Unter dem Regime des Feudalismus, das leicht in Militarismus umschlagen konnte, verdankten wir der Mitmenschlichkeit die Befreiung vom Despotismus schlimmster Art. Die vollkommene Unterwerfung »an Leib und Leben« auf Seiten der Regierten hätte den Regierenden nichts als deren eigenen Willen gelassen, aus dem als natürliche Folge der Absolutismus erwachsen wäre, der oftmals als »orientalischer Despotismus« bezeichnet wird, so als hätte es in der westlichen Geschichte keine Despoten gegeben.

Es liegt mir fern, Despotismus jedweder Art zu befürworten, aber es ist ein Fehler den Feudalismus damit gleichzusetzen. Als Friedrich der Große schrieb, dass »Könige die ersten Diener des Staates sind«, dachten Rechtsgelehrte zu Recht, dass nun eine neue Ära für die Entwicklung von Freiheit angebrochen sei. Seltsamerweise machte Yozan von Yonezawa[14] im Hinterland von Nordwestjapan zeitgleich dieselbe Aussage, und zeigte damit, dass im Feudalismus nicht alles Tyrannei und Unterdrückung war. Er war ein Feudalfürst, der die reziproken Verpflichtungen gegenüber seinen Vasallen zwar berücksichtigte, sich aber mehr seinen Vorfahren und dem Himmel verpflichtet fühlte, sodass er für seine Untertanen ein Vater war, deren Fürsorge ihm der Himmel anvertraut hatte. Demnach akzeptierte und bekräftigte Bushidō in einem Sinn, der normalerweise diesem Begriff nicht anhaftet, die väterliche Regierung, – väterlich auch als Gegenstück zu der onkelhaften Regierung (Uncle Sam, als Beweis), an der weniger Interesse bestand. Der Unterschied zwischen einer despotischen und einer väterlichen Regierung liegt darin, dass das Volk bei der ersteren widerwillig gehorcht, während es bei letzterer es mit »stolzer Unterwerfung tut, mit diesem würdevollen Gehorsam, dieser Unterordnung des Herzens, das selbst in der Knechtschaft den

14 Uesugi Yozan, Nachfahre des bereits genannten Uesugi Kenshin, werden die folgenden Worte in den Mund gelegt: »Der Fürst lebt zum Wohle des Staates und des Volkes. Der Staat und das Volk existieren nicht zum Wohle des Fürsten«. (AdÜ)

Geist erhabener Freiheit am Leben erhält«[15]. Der alte Spruch ist nicht vollkommen falsch, nach dem der König von England als »König der Teufel bezeichnet wurde, weil sich seine Untertanen häufig gegen ihn erhoben und ihre Fürsten absetzten«, und der französische Monarch als »König der Dummköpfe wegen der grenzenlosen Steuern und Strafarbeiten« galt, während der Souverän von Spanien als »König der Männer« galt, weil seine »Untertanen ihm bereitwillig gehorchten«. Doch genug!

Tugend und absolute Macht mögen der angelsächsischen Gesinnung als zwei unmöglich miteinander vereinbare Begriffe erscheinen. Pobyedonostseff hat uns klar den Gegensatz zwischen den Grundlagen der englischen und anderer europäischer Gemeinschaften vor Augen geführt, das heißt, dass diese auf der Grundlage eines gemeinsamen Interesses aufgebaut waren, gekennzeichnet durch eine starke, unabhängige Persönlichkeit. Was dieser russische Staatsmann über die persönliche Abhängigkeit einzelner Personen von einigen sozialen Bündnissen und schließlich und endlich über den Staat unter den kontinentalen Nationen Europas und insbesondere unter den slawischen Völkern aussagt, trifft auf die Japaner doppelt zu. Demnach wird die freie Ausübung der monarchischen Macht von uns Japanern nicht so schwer empfunden wie in Europa, sondern wird vielmehr durch die väterliche Rücksicht auf die Gefühle des Volkes im Allgemeinen gemildert. »Absolutismus«, sagt Bismarck, »verlangt in erster Linie vom Herrscher Unparteilichkeit, Aufrichtigkeit, Hingabe an die Pflicht, Tatkraft und innere Bescheidenheit«. Es sei mir hier an dieser Stelle gestattet zu diesem Thema ein weiteres Zitat hinzuzufügen. Ich möchte die Rede des deutschen Kaisers in Koblenz zitieren, in der er von der »Königlichen Herrschaft durch die Gnade Gottes, ihren schweren Pflichten und der ungeheuren Verantwortung gegenüber dem Schöpfer allein, aus der den Monarchen kein Mann, kein Minister, kein Parlament entbinden kann,« sprach.

15 Burke, *French Revolution.*

Wir wissen, dass Mitmenschlichkeit eine zarte und gleichsam mütterliche Tugend war. Wenn fromme Rechtschaffenheit und strenge Gerechtigkeit besonders maskuline Eigenschaften sind, dann besitzt Gnade die Sanftheit und Überzeugungskraft einer weiblichen Natur. Wir wurden davor gewarnt, Barmherzigkeit unüberlegt walten zu lassen, ohne sie mit Gerechtigkeit und Rechtschaffenheit versehen zu haben. Date Masamune[16] drückt dies in seinem häufig zitierten Aphorismus aus: »Übertriebene Rechtschaffenheit erstarrt zu Steifheit; Übermäßige Güte verfällt zu Schwäche«.

Zum Glück war Mitleid nicht so selten wie es schön war, denn es ist eine universelle Wahrheit, dass »die Tapfersten die zärtlichsten sind, die Liebenden die Waghalsigen«. »*Bushi no nasake*« – das ritterliche Mitleid – der Klang dieser Worte appellierte sofort an das Edle in uns. Nicht dass sich das Mitleid eines Samurais gattungsmäßig vom Mitleid anderer Wesen unterschieden hätte, aber es war kein blinder Impuls, denn Mitleid stand in Verbindung mit Gerechtigkeit, es war nicht einfach ein bestimmter Gesinnungszustand, sondern wurde von der Macht zu retten oder zu töten getragen. So wie Wirtschaftswissenschaftler von Nachfrage sprechen, die wirksam oder unwirksam sein kann, so ähnlich können wir das Mitleid oder die Gnade eines *bushi* als wirksam bezeichnen, da sie die Macht für das Gute zu handeln oder zuungunsten des Empfängers implizierte.

Die Samurai, die stolz auf ihre kriegerische Stärke und Privilegien waren, stimmten gleichzeitig mit dem überein, was Menzius über die Kraft der Liebe gesagt hatte. »Mitmenschlichkeit siegt über Unmenschlichkeit wie Wasser das Feuer besiegt. Wer heute Mitmenschlichkeit walten lässt, ist wie ein Mann, der mit einer Schale Wasser eine Wagenladung Feuerholz zu löschen versucht«. Und Menzius sagt ferner: »ein mitfühlendes Herz ist der Beginn von Mitmenschlichkeit«. Deshalb war für Menzius ein human denkender Mensch immer auf diejenigen bedacht, die in Schwierigkeiten steckten oder

16 Date Masamune, Daimyō von Sendai, der als erster ein Schiff für eine Weltreise ausrüstete. (AdÜ)

litten. Menzius griff mit seinem Begriff von Mitmenschlichkeit dem wesentlich später die ethische Philosophie der Sympathie vertretenden Adam Smith voraus.

Es ist wirklich erstaunlich, wie eng der Kodex der ritterlichen Ehre eines Landes mit den Kodices anderer Länder übereinstimmt; anders ausgedrückt, wie viele geschmähte orientalische Ideen zur Moral ihre Gegenstücke in den edelsten Maximen der europäischen Literatur finden. Hätte man die bekannten Zeilen:

> Hae tibi erunt artes – pacisque imponere morem,
> Parcere subjectis, et debellare superbos[17],

einem japanischen Edelmann gezeigt, würde er wahrscheinlich den Barden von Mantua beschuldigt haben, diese Sätze aus der japanischen Literatur kopiert zu haben. Mitleid mit den Schwachen, den Unterdrückten oder Besiegten wurde stets als Eigenschaft besungen, die einem Samurai gut anstand. Liebhabern der japanischen Kunst ist die Darstellung eines Priesters, der rückwärts auf einer Kuh reitet, mit Sicherheit bekannt. Der Reiter war einst ein Krieger, der in seinen besten Tagen den Ruf des Schreckens verbreitet hatte. In der fürchterlichen Schlacht von Sumano-ura (1184 n. Chr.), einer der entscheidendsten Schlachten in der japanischen Geschichte, überwältigte er einen Feind im Einzelkampf und umklammerte ihn mit seinen mächtigen Armen. Die Kriegsetikette verlangte nun, dass in einem solchen Fall kein Blut vergossen werden dürfe, außer die schwächere Partei erwies sich als ein Mann von Rang oder dessen Fähigkeiten waren denen des Stärkeren gleich. Der Unterlegene weigerte sich jedoch, seinen Namen preiszugeben und als ihm der Helm unbarmherzig vom Haupt gerissen ward, fand der Krieger darunter ein jugendliches Gesicht, schön und bartlos, sodass der erstaunte Krieger seinen Griff lockerte. Er half dem Jüngling auf die Beine und in väterlichem Ton bat er den Strauchelnden zu gehen. »Hinfort mit Euch, junger Fürst, geht zu Eurer Mutter! Das Schwert von Kuma-

17 Aus *Aneis* von Vergil. (AdÜ)

gai wird niemals mit einem Tropfen Eures Blutes besudelt werden. Geht und flieht über den Pass, bevor Euch die Feinde erspähen!« Der junge Krieger[18] weigerte sich zu gehen und bat Kumagai zur Ehre beider, ihn auf der Stelle zu töten. Über dem ergrauten Haupt des alten Kämpfers schimmerte die kalte Klinge, die so viele Male zuvor den Lebensfaden durchtrennt hatte, doch sein Herz begann zu verzagen; vor seinem geistigen Auge erschien das Bild des eigenen Sohnes, der sich an genau demselben Tage zum Klang des Horns in die Arme seiner Maid begeben hatte. Die starke Hand des Kriegers zitterte; noch einmal bat er sein Opfer zu fliehen und sein Leben zu retten. Doch vergebens, und als Kumagai die herannahenden Kameraden hörte, rief er aus: »Wenn Ihr gefangen genommen werdet, würdet Ihr vielleicht durch eine unwürdigere Hand als meine Euer Leben lassen. So denn Unendlicher, nimm diese Seele zu dir! Das Schwert sauste durch die Luft und als es sich senkte, war es rot vom Blut des Jünglings. Nachdem der Krieg beendet war, kehrte unser Soldat im Triumph zurück, doch Ruhm und Ehre kümmerten ihn nicht mehr. Er gab seine kriegerische Laufbahn auf, rasierte sich das Haupt, legte ein Mönchsgewand an und widmete sich dem Rest seiner Tage der heiligen Pilgerreise, wobei er niemals seinen Rücken dem Westen zukehrte, wo das Paradies liegt, woher die Erlösung kommt und die Sonne tagtäglich untergeht.

Kritiker mögen auf Fehler in dieser Geschichte hinweisen, die leicht angreifbar ist. Doch sei es wie es will: Sie zeigt, dass Zärtlichkeit, Mitleid und Liebe Charakterzüge waren, die selbst die blutrünstigsten Samurai zierten. Es war unter ihnen eine alte Maxime, dass »der Vogelfänger nicht den Vogel schlachtet, der an seinem Busen Zuflucht sucht«. Das erklärt auch, warum die Bewegung des Roten Kreuzes, die als speziell christlich angesehen wird, so schnell in Japan Fuß fassen konnte. Noch Jahrzehnte bevor wir von der Genfer Konvention erfuhren, hatte Bakin, einer unserer größten Erzähler, uns mit der medizinischen Behandlung eines gefallenen Feindes vertraut gemacht. Im Daimyat von Satsuma, das für seinen kriegerischen

18 Bei dem jungen Krieger handelte es sich um Taira no Atsumori. (AdÜ)

Geist und die entsprechende Erziehung bekannt war, bestand die Gepflogenheit, dass junge Männer musizierten. Es war weder die Trompete noch die Trommel, die sie spielten – lärmende Boten von Blut und Tod – die in uns den Tiger erwecken sollen, sondern es waren die traurigen und sanften Melodien der Biwa[19], die unseren hitzigen Geist besänftigten und unsere Gedanken vom Geruch des Blutes und Gemetzels ablenkten. Polybius berichtet uns von der Verfassung von Arkadien, die vorsah, dass alle jungen Menschen unter dreißig musizieren mussten, damit diese sanfte Kunst die Unbilden ausgleiche, die dieser rauen Region zu eigen waren. Es ist dem Einfluss der Musik zuzuschreiben, so Polybius, dass in diesem Teil der arkadischen Berge Grausamkeit nicht vorhanden war.

Satsuma war in Japan nicht der einzige Ort, an dem Sanftmut der Kriegerklasse eingeprägt wurde. Ein Fürst von Shirakawa wirft mit wenigen Strichen seine Gedanken aufs Papier und schreibt: »Ungestraft dürfen nur der Duft der Blumen, der Klang ferner Glocken, und das Summen der Insekten des nachts zu deinem Kopfkissen vordringen, denen kannst du vergeben«. Und weiter: »Obgleich verabscheuenswert, kann der Brise, die deine Blütenblätter zerstreut, der Wolke, die den Mond verdeckt und dem Manne, der mit dir einen Streit anfangen will, vergeben werden«.

Das Verfassen von Versen diente offensichtlich nicht nur dazu, sich in Worten ausdrücken zu können, es war vor allem dazu gedacht, die friedfertigen Gefühle zu kultivieren. Die japanische Dichtkunst ist deshalb von einem starken pathetischen Unterton und von Zärtlichkeit gekennzeichnet. Eine bekannte Anekdote über einen derben Samurai liefert dafür ein gutes Beispiel. Als dieser Bursche die Dichtkunst erlernen musste, wurde ihm als Thema »Die Stimme der Nachtigall[20]« für seinen ersten Versuch zugeteilt. Doch sein hitziges Temperament wehrte sich dagegen und er warf seinem Lehrmeister sein ungeschliffenes Werk zu Füßen, das folgendermaßen lautete:

---

19 Lautenähnliches Instrument.

20 Auf Japanisch *uguisu*, auch Grasmücke oder japanische Nachtigall genannt.

»Der tapfere Krieger hält sein Ohr,
das vielleicht der Nachtigall lauschen könnte
fern von ihrem Gesang.«

Sein Lehrmeister, der sich durch dieses rohe Gefühl nicht verdrießen ließ, ermunterte den jungen Mann weiterhin, bis eines Tages die Klänge der Seele erwachten und er den süßen Tönen der Nachtigall antworten konnte.

»Der Krieger steht, gepanzert und stark
dem Gesang der Nachtigall zu lauschen
süßem Getriller unter den Bäumen.«

Als Theodor Körner[21] tödlich verwundet auf dem Schlachtfeld lag, kritzelte er sein berühmtes Sonett »Abschied vom Leben«, was wir heute noch bewundern und als heldenhaft betrachten. Vorfälle wie diese waren nicht selten auf den japanischen Schlachtfeldern. Unsere prägnanten epigrammatischen Gedichte eigneten sich besonders gut für die Improvisation eines einzigen Empfindens. Jeder, der Bildung genossen hatte, betätigte sich entweder als Poet oder als Verseschmied. Nicht selten hielt ein marschierender Soldat inne, nahm sein Schreibzeug vom Gürtel und verfasste ein Gedicht – derlei Papiere wurden später in den Helmen oder Brustpanzern gefunden, wenn diese den leblosen Trägern abgenommen wurden.

In Europa förderte das Christentum inmitten der Kriegsschrecken das Mitleid, in Japan war es die Liebe zur Musik und Literatur. Die Kultivierung zarter Gefühle bringt es mit sich, dass das Leiden anderer mit Fürsorge betrachtet wird. Bescheidenheit und Zuvorkommenheit, angetrieben durch den Respekt der Gefühle anderer, sind der Ursprung der Höflichkeit.

21 Theodor Körner (1791–1813), deutscher Schriftsteller. (AdÜ)

KAPITEL 6

Höflichkeit

Höflichkeit und gewandte Umgangsformen wurden bis jetzt von jedem fremden Reisenden als ein Wesenszug der Japaner bemerkt. Höflichkeit ist eine armselige Tugend, wenn sie nur von der Angst, den guten Geschmack zu verletzen, angetrieben wird. Vielmehr sollte sie die sichtbare Manifestation einer verständnisvollen Haltung gegenüber dem Empfinden anderer sein. Höflichkeit impliziert die Schicklichkeit und daher den Respekt gegenüber gesellschaftlichen Stellungen, was hier nicht auf plutokratische Unterscheidungen, sondern auf Unterscheidungen durch tatsächliche Verdienste abzielt.

In ihrer höchsten Ausprägung kommt Höflichkeit der Liebe nahe. Wir können ehrfürchtig sagen, dass Höflichkeit »lange duldet und freundlich ist; sie ist nicht neidisch und rühmt sich nicht selbst, sie ist nicht aufgeblasen, sie verhält sich nicht ungeziemend, ist nicht selbstsüchtig, lässt sich nicht provozieren, und schenkt dem Schlechten keine Beachtung«. Es nimmt daher nicht wunder, dass Professor Dean der Höflichkeit einen besonderen Platz einräumt, wenn er von den sechs Elementen der Menschlichkeit spricht, denn ist sie nicht die reifste Frucht des gesellschaftlichen Umgangs?

Ich bin jedoch weit davon entfernt Höflichkeit in den vordersten Rang der Tugenden zu stellen, so erhaben sie auch sein mag. Wenn wir Höflichkeit analysieren, stellen wir fest, dass sie mit anderen Tugenden von höherer Rangordnung einhergeht und nicht für sich allein steht. Nachdem oder weil Höflichkeit als Besonderheit des Waffenhandwerks verherrlicht wurde, und höher geschätzt wurde als sie es verdiente, entstanden dazu Fälschungen. Konfuzius selbst hat immer wieder gelehrt, dass Äußerlichkeiten allein noch keinen Anstand ausmachen, genauso wenig wie Töne noch lange keine Musik sind.

Als Anstand zum *sine qua non* der gesellschaftlichen Umgang erhoben wurde, diente er in erster Linie dazu, als ausgeklügelte Etikette die Jugend zu korrektem gesellschaftlichen Verhalten zu erziehen. Mit größtem Eifer wurde gelehrt und gelernt, wie man sich verbeugt, wenn man jemanden anspricht, wie man gehen und sitzen muss. Tischmanieren wurden zur reinsten Wissenschaft. Tee zu servieren und zu trinken erhob man zu einer Zeremonie. Von einem Mann von Bildung wurde erwartet, dass er all dies zu meistern wusste. Thorstein Veblen[22] bezeichnet sehr passend in seinem interessanten Buch die Etikette als ein »Produkt und einen Exponenten des Lebens der Klasse der Müßiggänger«.

Mir ist zu Ohren gekommen, dass Europäer verächtliche Bemerkungen über unsere ausgeklügelte Höflichkeitsdisziplin machen. Die Kritik lautet, dass diese Höflichkeit zu viel Aufmerksamkeit erfordere und es aberwitzig sei, sie strikt zu befolgen. Ich gebe zu, dass es in der förmlichen Etikette einige überflüssige Nettigkeiten gibt, aber ich kann nicht sagen, was aberwitziger ist, sich daran zu halten oder lieber ständig den wechselnden Moden des Westens zu folgen. Selbst Modeerscheinungen betrachte ich nicht als Launen der Eitelkeit, im Gegenteil, ich sehe darin die unablässige Suche des menschlichen Geistes nach dem Schönen. Genauso wenig halte ich komplizierte Zeremonien für trivial, denn sie stellen für mich das Ergebnis einer langen Beobachtung dar, die zum Ziel hat, ein bestimmtes Ergebnis mit den am besten geeigneten Methoden zu erreichen. Eine Aufgabe auf die best mögliche Weise auszuführen, bedeutet, dass diese Art und Weise die ökonomischste und eleganteste ist. Spencer definiert Eleganz als die ökonomischste Art der Bewegung. Die Teezeremonie folgt einem bestimmten Ablauf, wie die Schale zu halten ist, ein Löffel, eine Serviette usw. Für den Uneingeweihten wirkt das müh-

22 *Theory of the Leisure Class*, New York 1899, S. 46.

sam. Aber man wird bald entdecken, dass der vorgeschriebene Ablauf hervorragend Zeit und Mühe spart. Mit anderen Worten, der ökonomischste Einsatz von Kraft – weshalb sie nach der Aussage von Spencer auch die eleganteste Art ist.

Die spirituelle Bedeutung der gesellschaftlichen Etikette – oder sollte ich vielmehr sagen, um mich der Worte aus »Philosophie der Kleidung[23]« zu bedienen, dass Etikette und Zeremonie das äußere Gewand der spirituellen Disziplin sind – steht in keinem Verhältnis zu dem, was ihre Erscheinung uns glauben macht. Ich möchte mich deshalb dem Beispiel von Spencer anschließen und den Ursprüngen unserer formellen Institutionen sowie den moralischen Motiven nachgehen, die zur Entstehung beigetragen haben, doch ist das nicht das Ziel dieses Buches. Es ist die moralische Erziehung, die eine strikte Befolgung der guten Sitten einschließt, die ich hier betonen möchte.

Wie bereits gesagt, wurde die Etikette bis in jedes Detail ausgearbeitet, und zwar so sehr, dass verschiedene Schulen entstanden, die für unterschiedliche Systeme eintraten. Aber dennoch waren sie alle in ihren Grundsätzen eins. Einer der großen Vertreter der bekanntesten Schule für Etikette, der Ogasawara-Schule, fasste dies in folgende Worte: »Das Endziel jeder Etikette ist es, den Geist so zu kultivieren, dass selbst der gröbste Rüpel es nicht wagt, einen Sitzenden aus der Ruhe zu bringen«. Das bedeutet nichts anderes, als dass durch ständiges sich Üben in korrekten Manieren alle Teile und Fähigkeiten des Körpers zu perfekter Ordnung und Harmonie mit sich selbst und der Umgebung und zur Meisterschaft der Selbstbeherrschung gebracht werden. Welch neue und tiefe Bedeutung das französische Wort *bienséance*[24] doch dadurch erhält.

Wenn die Prämisse stimmt, nach der Anmut einen sparsamen Einsatz von Kraft bedeutet, dann ist die logische Konsequenz, dass

---

23 Aus Thomas Carlyle: *Sartor Resartus.* (AdÜ)
24 Etymologisch: Gesetzheit.

ein ständiges Einüben eines anmutigen Verhaltens dazu führt, Kräfte zu sammeln und zu bewahren. Gute Sitten sind deshalb Kraft in der Ruhe. Als die barbarischen Gallier bei der Plünderung Roms in den versammelten Senat einbrachen und es wagen konnten die ehrwürdigen Senatoren am Barte zu ziehen, so sei dies die Schuld der alten Herren gewesen, denen es an Würde und Sittenstrenge mangelte, denken wir. Doch ist eine erhabene spirituelle Haltung wirklich durch die Etikette zu erreichen? Warum nicht? – Alle Wege führen nach Rom!

Als Beispiel für eine einfache Handlung, die zu einer Kunst und dann zu einer spirituellen Kultur wurde, möchte ich *Cha-no-yu*, die Teezeremonie anführen. Tee trinken als Kunst? Warum nicht? Kinder, die Bilder in den Sand malen, ein Wilder, der in einen Fels ritzt, verheißen mitunter zu einem Raphael oder Michelangelo zu werden. Warum sollte Teetrinken, das mit der transzendentalen Meditation eines Hindueremiten begann, nicht berechtigt sein, sich zu einer Dienerin der Religion und Sittlichkeit zu entwickeln? Die Ruhe des Geistes, die Heiterkeit des Gemüts, die Gelassenheit und Ausgewogenheit des Auftretens sind die wesentlichsten Bedingungen für die Teezeremonie und sind ohne Zweifel die Grundbedingungen für richtiges Denken und richtiges Fühlen. Die peinliche Sauberkeit des kleinen Raums, der nicht einsehbar und abgeschottet vom Lärm der tobenden Menge ist, lenkt wie von selbst die Gedanken von der Welt ab. Das schlichte Interieur zieht keine Aufmerksamkeit auf sich, so wie die zahlreichen Bilder und Nippes in einem westlichen Salon. Die Hängerolle *kakemono*[25] lenkt unsere Aufmerksamkeit mehr auf die Anmut des Designs als auf die Schönheit der Farben. Die höchste Verfeinerung des Geschmacks ist das Ziel, und jeder andere Zierrat wird mit geradezu religiösem Eifer verbannt. Die Tatsache, dass die Teezeremonie von einem meditierenden Einsiedler in Zeiten unablässiger Kriege und Kriegsgerüchte erschaffen wurde, zeigt deutlich, dass diese Institution mehr als nur ein Zeitvertreib ist. Bevor der ru-

25 Hängerolle. Entweder mit einem Bild oder Schriftzeichen zu dekorativen Zwecken verwendet.

hige Bereich des Teezimmers betreten wird, legten die zur Zeremonie eingeladenen Teilnehmer zusammen mit ihren Schwertern die Hitze der Schlachtfelder oder die Regierungsprobleme beiseite, um Frieden und Freundschaft zu finden.

Cha-no-yu ist mehr als eine Zeremonie – es ist eine Kunst, es ist Dichtkunst, die Bewegungen folgen dem Rhythmus eines Poems. Es ist ein *modus operandi* der Seelendisziplin. In dieser letzten Phase liegt der größte Wert. Nicht selten überwiegen die anderen Phasen im Geiste seiner Anhänger, aber das beweist nicht, dass die Essenz nicht doch spiritueller Natur ist.

Höflichkeit ist eine großartige Errungenschaft, und sie vermag mehr als nur den Manieren Anmut zu verleihen. Anstand entspringt Motiven wie Menschlichkeit und Bescheidenheit, er wird durch die zarten Gefühle gegenüber der Sensibilität anderer angetrieben und ist ein anmutiger Ausdruck der Sympathie. Er erfordert, dass wir mit denjenigen weinen, die weinen, und mit denjenigen lachen, die lachen. Derlei didaktische Anforderungen drücken sich, wenn sie auf alltägliche Kleinigkeiten reduziert werden, kaum merkbar aus, oder sind, wenn sie bemerkt werden, wie es eine Missionarin ausdrückte, die 20 Jahre in Japan gelebt hatte, »furchtbar komisch«. Man steht in der prallen Sonne ohne jeden Schatten und ein japanischer Bekannter kommt vorbei, man grüßt ihn und er nimmt sofort seinen Hut ab – was vollkommen normal ist, aber das »furchtbar Komische« ist, dass er seinen Sonnenschirm die ganze Zeit über, die er mit einem spricht, gesenkt hält und genauso in der prallen Sonne steht wie man selbst. Wie dumm! Richtig, aber die Beweggründe für sein Verhalten sind folgende: »Sie stehen in der Sonne und ich fühle mit Ihnen. Ich würde Ihnen gerne meinen Sonnenschirm anbieten, aber er ist nicht groß genug für uns beide, oder wir sind nicht so gut bekannt. Ich kann Ihnen keinen Schatten bieten, also teile ich mit Ihnen die Unbequemlichkeit«. Gesten wie diese oder ähnliche sind nicht bloße Gesten oder Konventionalität, sie sind die Verkörperung umsichtiger Gedanken zum Wohl des anderen.

Ein weiterer »furchtbar komischer« Brauch wird uns von unseren Höflichkeitsregeln diktiert: Viele oberflächliche Verfasser von Schriften über Japan haben ihn falsch verstanden, indem sie ihn der allgemeinen Andersartigkeit Japans zuschrieben. Jeder Ausländer, der diesen Brauch beobachtete, wird zugeben, dass er in dieser Situation hilflos war. Wird in Amerika ein Geschenk überreicht, so preist man es in den höchsten Tönen. In Japan dagegen setzen wir das Geschenk bewusst herab. Der Gedanke, der im Westen dahinter steckt, ist folgender: »Das hier ist ein schönes Geschenk, wenn es nicht schön wäre, würde ich es nicht wagen, es Ihnen zu überreichen, denn es wäre eine Beleidigung Ihnen etwas zu geben, was nicht schön ist. In Japan ist die Logik anders: »Sie sind eine nette Person und kein Geschenk ist so gut, als dass es Ihnen genügen könnte. Sie würden nichts anderes annehmen, das ich zu Ihren Füßen lege, als ein Symbol meines guten Willens. Nehmen Sie es bitte als ein Symbol und nicht wegen seines ihm innewohnenden Wertes. Es wäre eine Beleidigung Ihres Wertes, das beste Geschenk als für Sie gut genug zu bezeichnen«. Wenn wir beide Ideen nebeneinander betrachten, können wir erkennen, dass der Grundgedanke bei beiden gleich ist. Keiner ist »schrecklich komisch«. Der Amerikaner spricht vom Materialwert des gemachten Geschenkes. Der Japaner spricht von dem Sinn, der zum Geschenk veranlasst hat.

Nur weil unser Gespür für Anstand sich auch in den kleinsten Auswirkungen unseres Verhaltens zeigt, berechtigt es noch lange nicht dazu, für eine Schlussfolgerung die geringste Auswirkung herauszugreifen, zu typisieren und auf das Ganze anzuwenden. Was ist wichtiger, zu essen oder die Regeln des Anstands beim Essen zu beachten? Ein chinesischer Gelehrter gab die passende Antwort: »Angenommen in einem Fall ist Essen ganz wichtig, die Beachtung der Tischregeln nicht so wichtig, warum soll das heißen, das Essen wichtiger ist, vergleicht man beides miteinander?« »Metall ist schwerer als Federn, aber was sagt das über eine einzelne Metallklammer und eine Wagenladung voll Federn aus?« Nimm ein Stück Holz und halte es über die Dachspitze eines Tempels, niemand würde sagen, dass das

Holz höher als der Tempel ist. Auf die Frage, »Was ist wichtiger, die Wahrheit zu sagen oder höflich zu sein?« würde ein Japaner, so wird behauptet, genau das Gegenteil, von dem sagen, was ein Amerikaner sagen würde. Doch enthalte mich hier jeden Kommentars bis ich auf Wahrhaftigkeit und Aufrichtigkeit zu sprechen komme.

KAPITEL 7

Wahrhaftigkeit und Aufrichtigkeit

Ohne Wahrhaftigkeit und Aufrichtigkeit ist Höflichkeit nichts anderes als eine Farce und Schau. »Übertriebene Höflichkeit«, sagt Date Masamune, »wird zur Lüge«. Ein Dichter der Antike[26] übertraf Polonius mit seinem Ratschlag: »Sei dir selbst treu, wenn du in deinem Herzen nicht von der Wahrheit abweichst, werden dich die Götter auch ohne Gebet schützen«. Die Apotheose der Wahrhaftigkeit, auf die sich Konfuzius in *Maß und Mitte* beruft, verleiht transzendentale Kräfte, die fast mit dem Göttlichen zu identifizieren sind. »Wahrhaftigkeit ist das Ende und der Beginn aller Dinge; ohne Wahrhaftigkeit gäbe es nichts«. Er geht wortgewandt weiter auf diesen Begriff ein, der in seiner Natur weitreichend und dauerhaft ist, dessen Kraft Änderungen ohne Bewegung herbeiführen und durch dessen Anwesenheit ohne Mühe ein Ziel erreicht werden kann. Das chinesische Schriftzeichen für Wahrhaftigkeit setzt sich zusammen aus »Wort« und »perfekt«, was dazu verleitet, eine Parallele zur neoplatonischen Doktrin des Logos zu ziehen – zu deren Höhe der Weise in seinem ungewohnt mystischen Flug aufstieg.

Lügen oder Ausflüchte galten gleichermaßen als Feigheit. Der *bushi* war der Ansicht, dass seine höhere soziale Stellung wesentlich mehr Wahrhaftigkeit von ihm verlangte als von einem Kaufmann oder Bauern. *Bushi-no-ichigon* – das Wort eines Samurai oder auf Deutsch »Ritterwort« genügte als Garantie der Aufrichtigkeit einer Behaup-

26 Der Ratschlag stammt von Sugawara no Michizane (9. Jh.), der in Japan als Gottheit der Dichtkunst verehrt wird. (AdÜ)

tung. Das Wort eines Samurai war derart gewichtig, dass Absprachen normalerweise ohne schriftliche Niederlegung eingehalten und ausgeführt wurden, denn es wäre unter der Würde eines Samurai gewesen ein Versprechen niederschreiben zu müssen. Viele spannende Anekdoten berichten von Männern, die für ihre Doppelzüngigkeit *ni-gon* mit dem Tode büßen mussten.

Das Ansehen der Wahrhaftigkeit war so groß, dass die besten der Samurai einen Eid als ihrer Ehre abträglich empfanden, im Gegensatz zu der Mehrheit der Christen, die beständig den klaren Befehl des Herrn nicht zu schwören missachten. Ich weiß sehr wohl, dass sie bei verschiedenen Gottheiten oder bei ihrem Schwert schworen, doch der Schwur degenerierte nicht zu mutwilliger Form und respektlosem Ausruf. Um unsere Worte zu unterstreichen, wurde manchmal ein Schwur mit Blut besiegelt. Als Erklärung dafür möchte ich die verehrten Leser auf Goethes Faust verweisen.

R. B. Peery[27] schrieb vor einiger Zeit, dass ein gewöhnlicher Japaner auf die Fragen, was besser sei, die Unwahrheit zu sagen oder unhöflich zu sein, ohne zu zögern antworten würde; »die Unwahrheit!« Dr. Peery hat damit zum einen Teil Recht, aber auch Unrecht. Recht insofern, als ein gewöhnlicher Japaner, ja selbst ein Samurai in der ihm zugeschriebenen Weise antworten würde, aber er hat Unrecht, indem er dem Begriff, den er als »Unwahrheit« übersetzt, zuviel Gewicht beiordnet. Dieses Wort (japanisch *uso*) wird gebraucht, um alles, was nicht die Wahrheit (*makoto*) oder Tatsache (*hontō*) ist, zu bezeichnen. Lowell teilt uns mit, dass Wordsworth[28] nicht zwischen der Wahrheit und der Tatsache unterscheiden konnte, und ein gewöhnlicher Japaner ist in dieser Hinsicht genauso gut wie Wordsworth. Fragen Sie einen Japaner oder auch einen Amerikaner mit gutem Benehmen, ob er Sie mag oder ob er magenkrank ist, und er wird nicht lange zögern, um Ihnen zu antworten »ich mag Sie sehr« oder »danke, es geht mir

---

27 R.B. Peery, *The Gist of Japan*. 1897, S. 86.

28 William Wordsworth, britischer Dichter, dessen Werk von James Russell Lowell herausgegeben wurde. (AdÜ)

gut«. Die Wahrheit zugunsten der Höflichkeit zu opfern, wurde als eine »leere Formalität« (*kyorei*) und »Täuschung durch süße Worte« betrachtet.

Nun möchte ich mich der Idee der Wahrhaftigkeit, wie sie Bushidō sieht, zuwenden, doch zuvor sind ein paar Worte unserer Handelsintegrität zu widmen, die in ausländischen Büchern und Journalen heftig beklagt wurde. Eine lockere Geschäftsmoral war tatsächlich der schlimmste Makel, der dem Ruf unserer Nation anhaftete. Doch bevor man uns beleidigt oder rasch unser gesamtes Geschlecht verurteilt, sollten wir diese Fälle ruhig studieren, und wir werden für die Zukunft Trost finden.

Kein Beruf unter allen großen Gewerben des Lebens war weiter vom Waffenhandwerk entfernt als der Handel. Der Kaufmann stand in der untersten Stufe der Berufe – Ritter, Landmann, Handwerker, Kaufmann. Der Samurai bezog sein Einkommen aus den Ländereien und konnte sich, falls er dazu Lust hatte, als Amateurbauer betätigen. Doch Verkaufstheke und Abakus waren ihm ein Greuel. Wir wissen, welche Weisheit hinter dieser Klasseneinteilung steckte. Montesquieu hat klar und deutlich gezeigt, dass das Verbot für den Adel sich kaufmännischen Geschäften zu widmen, durchaus eine bewundernswerte Politik war, durch die verhindert wurde, dass sich Reichtum in den Händen der Mächtigen ansammelte. Die Trennung von Macht und Reichtümern sorgte dafür, dass letztere nahezu gleich verteilt waren. Professor Dill, der Verfasser von *Die römische Gesellschaft im letzten Jahrhundert des Westlichen Reiches* hat uns als einen Grund für den Untergang des römischen Reiches vor Augen geführt, dass es dem Adel gestattet war, sich im Handel zu betätigen und dadurch das Monopol von Reichtum und Macht bei der Minderheit der Senatorenfamilien lag.

Handel erreichte daher in Japan nicht den Entwicklungsgrad, den er unter freieren Umständen hätte erreichen können. Die üble Nachrede, die einem Beruf anhaftete, brachte natürlich mit sich, dass der gesellschaftliche Ruf kaum verbessert werden konnte. »Nenne jemanden einen Dieb und er wird stehlen«. Wenn ein Beruf stigmatisiert ist, werden sich dessen Anhänger in ihrer Moral danach richten, denn es ist natürlich, dass sich »das normale Bewusstsein«, wie Hugh Black sagt, »nach den Anforderungen richtet, die gestellt werden, und leicht auf die Grenzen der von ihm erwarteten Normen zurückfällt«. Selbstverständlich hat jede Art von Geschäft, ob Handel oder andersartig, seine Moralkodices, ohne die es nicht betrieben werden kann. Unsere Kaufleute der Feudalzeit hatten einen Moralkodex, der unter ihnen galt, und ohne den sie niemals zu einer Entwicklung solch fundamentaler Handelseinrichtungen wie der Gilde, der Bank, der Börse, Versicherungen, Schecks, Wechsel usw. fähig gewesen wären. Aber in der Beziehung zu Menschen außerhalb ihres Berufsstandes verhielten sich die Kaufleute zu sehr ihrem Ruf entsprechend.

Da dies der Fall war, eilten nur die abenteuerlustigsten und skrupellosesten zu den Häfen, nachdem unser Land für den Handel geöffnet worden war, während angesehene Geschäftshäuser es einige Zeit lang trotz Bitten der Behörden ablehnten, Zweigstellen einzurichten. War Bushidō machtlos gegenüber der wirtschaftlichen Schande? Wir werden sehen.

Wer sich mit unserer Geschichte auskennt, wird sich erinnern, dass nur ein paar Jahre nachdem unsere Vertragshäfen für den Auslandshandel geöffnet worden waren, der Feudalismus abgeschafft wurde, und als im Zuge damit die Lehen der Samurai eingezogen und ihnen als Entschädigung Wertpapiere ausgehändigt wurden, sich ihnen die Chance bot, in Handelstransaktionen zu investieren. Nun mag man fragen, warum sie ihre so sehr gerühmte Wahrhaftigkeit nicht in neue Geschäftsbeziehungen einbrachten und auf diese Weise die alten Schmähungen Lügen straften? Wer Augen hatte, konnte nicht genug weinen, und wer ein Herz hatte, konnte nicht genug mitfühlen, wenn er sah, wie viele edle und aufrichtige Samurai auf diesem neuen und ungewohnten Gebiet des Handels und Gewerbes eklatante und unwiderrufliche Fehlschläge erlitten, weil es ihnen an Schläue fehlte, um sich gegen ihre gerissenen plebejischen Rivalen durchzusetzen zu können. Wenn achtzig Prozent der Geschäftshäuser in einem Land wie Amerika scheitern, nimmt es nicht wunder, wenn von hundert Samurai gerade mal einer, der sich im Handel versuchte, in diesem neuen Beruf Erfolg hatte. Es wird noch lange dauern, bis erkannt wird, wie viele Schicksale Schiffbruch in dem Versuch erlitten, Bushidō-Ethik auf Geschäftsmethoden anzuwenden, doch es war schnell für jeden aufmerksamen Geist offensichtlich, dass der Weg zum Reichtum nicht der Weg der Ehre war. Doch in welcher Hinsicht bestand der Unterschied?

Bei den drei Anreizen für die Wahrhaftigkeit, die der irische Historiker William Edward Hartpole Lecky aufzählt, d. h. gewerblich, politisch und philosophisch, fehlte es dem ersteren völlig an Bushidō. Der zweite konnte sich in einer politischen Gemeinschaft unter einem Feudalsystem entwickeln. Der philosophische Anreiz und, wie Lecky sagt, in seiner höchsten Ausprägung, erreichte Ehrlichkeit einen erhöhten Rang in unserer Aufzählung der Tugenden. Als ich, mit all meinem Respekt für die hohe Handelsintegrität der Angelsachsen, nach dem letztgültigen Grund dafür fragte, wurde mir gesagt, dass »Ehrlichkeit die beste Politik ist«, die sich für den Ehrlichen auszahlt. Wird diese Tugend denn nicht durch sich selbst belohnt? Ehrlichkeit bringt mehr Geld ein als Falschheit, doch ich befürchte, dass Bushidō sich eher in Lügen verstrickt!

Wenn Bushidō eine Doktrin der *quid pro quo* Vergeltung ablehnt, wird der Kaufmann gerne bereit sein, sie anzunehmen. Lecky hat vollkommen richtig bemerkt, dass Wahrhaftigkeit ihr Gedeihen vor allem dem Handel und der Industrie verdankt. Oder wie Nietzsche es ausdrückt, »Ehrlichkeit ist die jüngste Tugend« – in anderen Worten, sie ist ein Pflegekind der Industrie, der modernen Industrie. Ohne diese Mutter wäre Wahrhaftigkeit wie eine blaublütige Waise, die nur von einem besonders gebildeten Geist adoptiert und aufgezogen werden könnte. Solche Gesinnungen waren im Allgemeinen unter den Samurai zu finden, aber das zarte Kind konnte nicht überleben, da eine demokratischere und utilitaristischere Pflegemutter fehlte. Je weiter die Industrien voranschritten, desto mehr erwies sich Wahrhaftigkeit als eine einfache, ja sogar profitabel zu praktizierende Tugend. Bedenken Sie, dass im November 1880 Bismarck ein Rundschreiben an die Berufskonsuln des deutschen Reiches sandte, und sie vor »einem beklagenswerten Mangel an Zuverlässigkeit hinsichtlich deutscher Lieferungen warnte, die unter anderem sowohl an Qualität als auch an Quantität zu wünschen übrig ließen«. Heutzutage hören wir verhältnismäßig wenig Klagen über deutsche Nachlässigkeit und Unehrenhaftigkeit im Handel. Innerhalb von 20 Jahren lernten die deutschen Kaufleute, dass sich Ehrlichkeit am Ende auszahlt. Für weitere Ausführungen zu Japan empfehle ich dem Leser zwei kürzlich erschienene Bücher[29], die diesen Punkt neutral beurteilen. Es ist interessant zu bemerken, dass diese Verbindung von Integrität und Ehre die sichersten Garantien darstellte, die ein kaufmännischer Schuldner in Form von Schuldscheinen präsentieren konnte. Es war völlig normal folgende Klauseln darin einzufügen: »Falls ich bei der mir geliehenen Summe die Rückzahlung verabsäumen sollte, werde ich mich nicht gegen eine öffentliche Bloßstellung wehren«. Oder: »Falls ich nicht an Sie zurückzahlen kann, können Sie mich einen Dummkopf nennen«, und ähnliches.

Ich habe mich oft gefragt, ob die Wahrhaftigkeit von Bushidō ein höheres Motiv als den Mut besaß. Da ein positives Gebot gegen das Ablegen eines falschen Zeugnisses nicht bestand und Lügen nicht als eine Sünde verdammt wurden, betrachtete man es schlichtweg als Schwäche und als solche hoch unehrenhaft. Es ist ein Tatbestand, dass die Idee der Ehrlichkeit mit der lateinischen und deutschen Etymologie des Begriffs Ehre vermischt ist, und es nun an der Zeit ist, dass ich mich ein wenig dieser Eigenschaft widme, die in den Regeln des Ritterstandes eine Rolle spielt.

---

29 Knapp, *Feudal and Modern Japan*, Bd. I, Kap. IV. Ransome, *Japan in Transition*, Kap. VIII.

KAPITEL 8

Ehre

Der Sinn für Ehre, der ein waches Bewusstsein der persönlichen Würde und des Werts impliziert, ist durchaus als Eigenschaft der Samurai zu charakterisieren, die geboren und aufgezogen wurden, den Wert von Pflichten und Privilegien zu schätzen, der ihrem Stande zugrunde lag. Obwohl der Begriff der Ehre nicht wie heutzutage wiedergegeben wird, war die Idee, die sich dahinter verbarg, der Name (*na*), das Betragen (*men-moku*), der Leumund (*gai-bun*), was uns an die biblische Verwendung von »Name«, und die Entwicklung des Begriffs »Persönlichkeit« aus der griechischen Maske und des Begriffs »Ruf« erinnert. Ein guter Name – die Reputation, ist das wichtigste für einen Menschen, alles andere steht auf der Stufe der Tiere. Da ein guter Name als eine Selbstverständlichkeit galt, wurde jeder Verstoß dagegen als Schande betrachtet, und das Ehr- oder Schamgefühl (*ren-chi-shin*) wurde der Jugend zuerst beigebracht. »Man wird über dich lachen«, »Du blamierst dich«, »Schämst du dich nicht?«, war der letzte Aufruf zu korrektem Verhalten, der an einen jungen Delinquenten gerichtet wurde.

Ein solcher Rückgriff auf die Ehre berührte den empfindlichsten Punkt im Herz des Kindes, das, seit es im Mutterleib war, mit Ehre gefüttert worden war, denn tatsächlich ist Ehre ein pränataler Einfluss, der eng mit einem starken Familienbewusstsein verbunden ist. »Durch den Verlust der Solidarität der Familie«, sagte Balzac, »hat die Gesellschaft ihre fundamentale Kraft, die Montesquieu Ehre nannte, verloren«. Schamgefühl, so scheint mir, ist das früheste Anzeichen des Moralbewusstseins des japanischen Geschlechts. Die erste und schlimmste Bestrafung, die auf die Menschheit hernieder kam, nachdem sie »die Frucht des verbotenen Baums« gekostet hatte, ist nach meiner Ansicht nicht der Schmerz der Geburt, noch sind es Dornen oder Disteln, sondern das Erwachen des Schamgefühls. Wie oft wird in der Geschichte Eva, die erste Mutter des Menschengeschlechts, dargestellt, wie sie mit wogenden Brüsten und zitternden Fingern mit einer groben Nadel an ein paar Feigenblättern hantiert, die ihr mutloser Gatte für sie gepflückt hatte. Diese erste Frucht des Ungehorsams haftet uns mit einer Zähigkeit an, wie sonst nichts. Bis heute konnte kein noch so genialer Schneider der Menschheit uns eine Schürze nähen, die unser Schamgefühl wirksam verbirgt. Jener Samurai, der es ablehnte, seinen Charakter durch eine geringfügige Beleidigung in seiner Jugend aufs Spiel zu setzen, hatte Recht, denn, so sagte er, »Unehrenhaftigkeit ist wie eine Narbe an einem Baum, die mit der Zeit, anstatt zu verlöschen, nur immer größer wird.«

Menzius hatte Jahrhunderte zuvor gelehrt, und Carlyle drückte wesentlich später fast das gleiche aus, nämlich dass »Scham der Nährboden aller Tugenden ist, der guten Manieren und der guten Moral«.

Unserer Literatur mangelte es an der Eloquenz, die Shakespeare Norfolk in den Mund legt, aber nichtsdestotrotz war die Angst vor Schande so groß, dass sie wie ein Damoklesschwert über den Köpfen der Samurai hing und oftmals einen morbiden Charakter annahm. Im Namen der Ehre wurden Taten begangen, die im Kodex von Bushidō keine Rechtfertigung finden. Der heißblütige Angeber nahm die geringste, ja sogar eingebildete Beleidigung übel, zog sein Schwert und manch unnötiger Streit entstand, und viele unschuldige Leben wurden geopfert. Die Geschichte von einem Städter, der es gut meinte und einen *bushi* auf einen Floh aufmerksam machte, der auf dessen Rücken gesprungen war, wurde auf der Stelle in zwei Stücke gehauen, aus dem einfachen Grund, weil Flöhe Parasiten sind, die auf Tieren leben und es für einen edlen Krieger eine unentschuldbare Beleidigung war, mit einem Tier gleichgesetzt zu werden. Geschichten wie diese sind zu weit hergeholt, als dass sie glaubhaft wären. Doch der Verbreitung von derlei Geschichten lagen drei Dinge zugrunde:

(1) Sie wurden erfunden, um das einfache Volk einzuschüchtern, (2) tatsächlicher Missbrauch der Ehre des Samuraistandes, (3) Entwicklung eines starken Schamgefühls. Es ist ziemlich unfair einen anomalen Fall als Paradebeispiel für Regeln zu missbrauchen, so wie es unfair ist, die wahre Lehre des Christentums nach den Auswüchsen von religiösem Fanatismus und Überspanntheit zu beurteilen – Inquisitionen und Heuchelei. Aber in fixen religiösen Ideen ist auch etwas Edles enthalten, das, verglichen mit dem zitternden Delirium eines Trunkenboldes, erkennen lässt, dass die extreme Empfindlichkeit der Samurai hinsichtlich ihrer Ehre ein Substrat der ursprünglichen Tugend umfasst.

Der morbide Exzess, in den der empfindliche Ehrenkodex zu verfallen drohte, fand sein Gegengewicht durch das Predigen von Großherzigkeit und Geduld. Wer die kleinste Provokation als Beleidigung ansah, wurde als »reizbar« verspottet. Ein bekanntes Sprichwort sagt: »Dulde das, wovon du denkst es nicht erdulden zu können, dann erduldest du wirklich«. Der große Ieyasu hinterließ der Nachwelt einige Maximen wie:

> »Das Leben eines Mannes ist als ob man einen langen Weg mit einer schweren Last ginge, also eile nicht …«
>
> »Tadele niemandem, und achte immer auf deine eigenen Schwächen …«
>
> »Duldsamkeit ist die Grundlage langer Tage.«

Er lebte nach dem, was er predigte. Ein literatischer Geist charakterisiert drei bekannte Persönlichkeiten der japanischen Geschichte mit folgendem Epigramm: zu Nobunaga schrieb er »Ich werde die Nachtigall töten, wenn sie nicht rechtzeitig singt.« Hideyoshi sagte dagegen: »Ich werde sie zwingen für mich zu singen.« Ieyasu hingegen sagte: »Ich werde warten, bis sie für mich den Schnabel öffnet.«

Geduld und lange Duldsamkeit wurden auch von Menzius hoch gelobt. An einer Stelle schreibt er zu deren Wirkung: »Auch wenn du dich vor mir bloßstellst und mich beleidigst, was kann mir das anhaben? Du kannst meine Seele nicht mit deinem Zorn besudeln.« An anderer Stelle lehrt er, dass Ärger eine belanglose Beleidigung sei, die eines überlegenen Mannes unwürdig ist, dass aber Entrüstung über eine große Sache ein gerechter Zorn sei.

Zu welchen Höhen unkriegerischer und widerstandsloser Sanftheit Bushidō führen konnte, zeigt sich bei einigen seiner Anhänger. Nehmen wir als Beispiel Ogawa Ritsujo[30]: »Wenn andere alles Mögliche an schlechten Dingen über dich sagen, vergelte Schlechtes nicht mit Schlechtem, sondern denke darüber nach, ob du deine Pflichten treu erfüllt hast«. Oder ein Ausspruch von Kumazawa Banzan[31]: »Wenn andere dich rügen, rüge sie nicht. Wenn andere sich über dich ärgern, reagiere darauf nicht mit Ärger. Freude kommt von selbst, wenn Leidenschaft und Verlangen fehlen«. Ein weiteres Beispiel stammt von Saigō Takamori[32]: »Der Weg ist der Weg von Himmel und Erde, der Mensch hat ihn zu befolgen. Deshalb ist das Ziel des Lebens, den Himmel zu verehren. Der Himmel liebt mich und die anderen mit der gleichen Liebe; deshalb sollst du andere genauso lieben wie dich selbst. Mache nicht den Menschen zu deinem Partner, sondern den Himmel und du wirst gut daran tun. Verdamme andere nicht, sondern trachte danach, deine Unzulänglichkeiten zu verbessern«. Einige dieser Aussprüche erinnern uns an christliche Ermahnungen und zeigen uns, dass in der praktischen Moralität die natürliche Religion wie eine Offenbarung befolgt wird. Diese Aussprüche waren keine bloßen Redensarten, sie wurden tatsächlich im Handeln umgesetzt.

Es muss jedoch zugegeben werden, dass nur sehr wenige diese erhabene Höhe an Großherzigkeit, Geduld und Versöhnlichkeit erreichten. Es ist sehr bedauerlich, dass es zur Ehre keine klaren und allgemeinen Aussagen gab, sondern nur ein paar erleuchtete Geister sich bewusst waren, dass »sie keinen Bedingungen unterworfen ist«, sondern durch die Handlung des Einzelnen entsteht. Die Jugendlichen

30 1649–1696. (AdÜ)

31 1619–1691, Vertreter der Wang Yangming-Schule. (AdÜ)

32 Saigo Takamori, (1828–1877), war ein heftiger Opponent der Öffnung der Häfen für den Handel mit dem Westen. (AdÜ)

vergaßen in der Hitze des Gefechts nur zu leicht, was sie in ruhigen Zeiten durch Menzius gelernt hatten. Dieser Weise hatte gesagt: »Geehrt zu werden ist der Wunsch aller Menschen. Jeder Mensch trägt in sich, was wirklich ehrenwert ist, nur denkt keiner darüber nach. Die Ehre, die verliehen wird, ist keine gute Ehre. Diejenigen, die Chao der Große geadelt hat, können durch ihn auch wieder ihrer Ehre entkleidet werden«.

Eine Kränkung konnte schnell gesühnt und mit dem Tode bestraft werden, wie wir später noch sehen werden, während Ehre – oftmals nichts weiter als eitler Ruhm oder weltliche Bestätigung – als *summum bonum* der irdischen Existenz gepriesen wurde. Das Ziel, nach dem die Jugend streben sollte, waren nicht Reichtum oder Wissen, sondern Ruhm. Viele junge Männer schworen sich, wenn sie die Schwelle des Elternhauses verließen, sie erst dann wieder zu betreten, wenn sie sich einen Namen in der Welt gemacht hatten. Und nicht wenige ehrgeizige Mütter wollten ihre Söhne erst dann wiedersehen, wenn diese in Samt und Seide gekleidet nach Hause zurückkehrten. Samuraisöhne würden sich jeder Entbehrung und den strengsten Prüfungen körperlicher oder seelischer Natur unterworfen haben, um Schande zu entgehen und sich einen Namen zu machen. Sie wussten, dass eine in der Jugend zuteilgewordene Ehre mit den Jahren größer werden würde. Bei der denkwürdigen Belagerung von Ōsaka wurde ein junger Sohn von Ieyasu trotz seines inständigen Flehens in der Vorhut kämpfen zu dürfen, in die Nachhut der Armee geschickt. Als die Burg fiel, war er so betrübt und weinte so bitterlich, dass ein alter Berater mit allen zur Verfügung stehenden Kräften ihn zu trösten versuchte. »Mein Herr, tröstet Euch mit dem Gedanken, welche Zukunft noch vor Euch liegt. In den vielen Jahren, die Ihr noch leben werdet, wird es noch verschiedene Gelegenheiten geben, bei denen Ihr Euch auszeichnen könnt.« »Was redet er für einen Unsinn«, sagte der Knabe und sah verächtlich auf den Mann, »ich werde nie mehr 14 Jahre alt sein!«

Das Leben galt als nichtig, wenn es um Ehre und Ruhm ging. Wann immer sich eine Gelegenheit bot, die mehr wert war als das

Leben, wurde dieses mit der größten Gelassenheit und ohne zu Zaudern aufgegeben.

Einer der Gründe, für die es sich lohnte sein Leben zu opfern, war die Loyalität, der Grundstein, der die feudalen Tugenden zu einem symmetrischen Bogen schloss.

KAPITEL 9

Die Schuldigkeit der Loyalität

Die feudale Sittlichkeit hat etliche Tugenden gemeinsam mit vielen anderen Moralsystemen, mit Menschen anderer Klassen, aber diese Tugend – Ehrerbietung und Lehenstreue zu einem Höhergestellten – ist ihre herausragende Eigenschaft. Ich bin mir bewusst, dass die persönliche Treue eine moralische Anhänglichkeit ist, die sich unter allen Menschen und in allen Situationen finden lässt. Eine Bande Taschendiebe schuldet einem Fagin[33] Gefolgschaft, aber nur im Kodex für ritterliche Ehre kommt Loyalität höchste Bedeutung zu.

Obwohl Hegel die Treue der Vasallen als Verpflichtung an einen Einzelnen und nicht an ein Gemeinwohl gerichtet, als ein Band, das auf vollkommen ungerechtfertigten Prinzipien aufgebaut ist kritisierte, rühmte ein Zeitgenosse von Hegel[34] die persönliche Loyalität als eine deutsche Tugend. Bismarck hatte guten Grund dazu, nicht nur weil die Treue, mit der er sich brüstete, das Monopol seines Vaterlandes oder das jeder einzelnen Nation oder Rasse war, sondern weil diese bevorzugte Frucht der Ritterlichkeit unter den Menschen sehr spät zu finden ist, bei denen der Feudalismus am längsten andauerte. In Amerika, wo jeder gleich gut ist, oder wie ein Ire sagte, noch besser ist, werden derartig übertriebene Vorstellungen der Loyalität, wie wir sie für unseren Herrscher empfinden, als »ausgezeichnet innerhalb bestimmter Grenzen« betrachtet, aber als absurd, sollten sie unter uns

33 Fagin, Figur aus *Oliver Twist* von Charles Dickens, der die Rolle des Hehlers spielt. (AdÜ)

34 *Philosophy of History* (Engl. Übersetzung von Sibree), Teil IV, Abschnitt. II, Kap. I.

gepflegt werden. Montesquieu beklagte sich vor langer Zeit, dass das Rechte auf der einen Seite der Pyrenäen als Falsch auf der anderen Seite galt, und der Dreyfußprozess, der vor kurzem stattfand, bewies die Wahrheit dieser Bemerkung, außer dass die Pyrenäen nicht das einzige Grenzgebiet sind, in dem die französische Justiz keine Zustimmung findet. Ähnlich verhält es sich mit unserer Loyalität, die andernorts wahrscheinlich wenig Anhänger findet, nicht weil unsere Auffassung falsch ist, sondern weil sie, so befürchte ich, vergessen ist und wir sie auf ein Niveau geführt haben, das in anderen Ländern nicht erreicht wurde. Griffis[35] hatte vollkommen Recht, als er behauptete, dass die konfuzianische Ethik in ganz China dazu führt, dass die erste Pflicht der Gehorsam gegenüber den Eltern ist, während es in Japan die Loyalität ist. Selbst wenn ich nun einige meiner geschätzten Leser schockieren werde, kann ich nicht umhin, mich auf denjenigen zu beziehen, »der es auf sich nimmt seinem gefallenen Herrn zu folgen«, und der, wie Shakespeare versichert »einen Platz in der Geschichte verdient hat«.

Die Geschichte handelt von Sugawara no Michizane, einem der ersten Charaktere der japanischen Geschichte, der Eifersucht und Verleumdung zum Opfer fiel und aus der Hauptstadt verbannt wurde. Seine rastlosen Feinde waren damit nicht zufrieden und trachteten danach, die gesamte Familie auszulöschen. Die eifrige Suche nach Michizanes Sohn, noch ein Kind, ergibt, dass dieser in einer Dorfschule von Genzō, einem früheren Vasallen Michizanes, versteckt gehalten wird. Als Genzō der Befehl ereilt, den Kopf den Knaben an einem bestimmten Tag auszuhändigen, ist die erste Idee des Schulmeisters einen Ersatz finden zu müssen. Er brütet über der Schulliste, beobachtet sorgfältig alle Knaben, wenn sie in das Klassenzimmer schlendern, doch keines der Kinder hat auch nur die entfernteste Ähnlichkeit mit seinem Schützling. Seine Verzweiflung dauert nur einen Moment, denn siehe, ein neuer Schüler ist angekündigt, ein wohlgestalteter Knabe, im gleichen Alter wie der Sohn des Meisters, begleitet von einer Mutter edler Haltung. Sowohl Mutter als auch

35 *Religions of Japan.*

Sohn sind sich der Ähnlichkeit des Knaben und dem Sohn des Fürsten bewusst. In der Zurückgezogenheit ihres Heims haben sich beide zum Opfer entschlossen, der Knabe, sein Leben zu geben, die Mutter ihr Herz. Nichts verrät ihren bereits gefassten Entschluss, als der Lehrer seinen Vorschlag vorbringt. Hier ist nun das Opferlamm. Der Rest der Geschichte ist rasch erzählt. Am verabredeten Tag erscheint der Gesandte, der den Sohn Michizanes identifizieren und den Kopf des Knaben holen soll. Kann er getäuscht werden? Der arme Genzō, die Hand auf dem Schwertgriff, ist bereit zuzuschlagen, entweder den Mann zu töten oder sich selbst, sollte der Betrug auffliegen. Der Gesandte nimmt den grausigen Gegenstand vor ihm hoch, studiert ruhig jeden einzelnen Zug des Gesichts und in einem bedächtigen, geradezu geschäftsmäßigen Ton, bestätigt er die Echtheit. An diesem Abend sitzt einsam die Mutter, die wir in der Schule gesehen haben, zu Hause und wartet. Weiß sie um das Schicksal ihres Kindes? Mit Ungeduld wartet sie darauf, dass sich das Gatter öffnet, aber sie wartet nicht auf die Rückkehr des Kindes. Ihr Schwiegervater hatte lange Zeit die Wohltaten Michizanes empfangen, doch seit dessen Verbannung war ihr Gatte gezwungen, in den Dienst des Feindes der Familie seines Wohltäters zu treten. Er selbst konnte seinem eigenen grausamen Herrn gegenüber nicht unaufrichtig sein, doch sein Sohn war der Sache für den Fürsten des Großvaters dienlich. Da er mit der Familie des Verbannten bekannt war, fiel ihm die Aufgabe zu, den Kopf des Knaben zu identifizieren. Nun, als der Tag gekommen ist, vollbringt er die schwerste Aufgabe seines Lebens, er kehrt nach Hause zurück und als er die Schwelle übertritt, begrüßt er sein Weib mit folgenden Worten: »Freu dich, unser geliebter Sohn war dem Dienst an unserem Herrn würdig!«

Was für eine entsetzliche Geschichte, höre ich meine Leser ausrufen. Eltern, die freiwillig ihr eigenes unschuldiges Kind opfern, um das Leben des Kindes eines anderen Mannes zu retten. Aber dieses Kind war ein bewusstes und williges Opfer: Es ist die Geschichte von einem stellvertretenden Tod, und dieser ist so bedeutsam und nicht aufrührerischer als die Geschichte von der beabsichtigten Tötung Isaaks durch Abraham. In beiden Fällen war es der Gehorsam der Pflichterfüllung, die vollkommene Unterwerfung unter den Befehl einer höheren Macht, der entweder von einem sichtbaren oder unsichtbaren Engel erteilt wurde, gehört oder innerlich wahrgenommen. Doch ich möchte hier nicht predigen.

Der Individualismus des Westens, der unterschiedliche Interessen für Vater und Sohn, Ehemann und Ehefrau kennt, bringt zwangsläufig mit sich, dass die Pflichten einander gegenüber weniger schwer sind. Bushidō hingegen sieht die Interessen der Familie und ihrer Mitglieder als intakt, als eins seiend und deshalb untrennbar an. Dieses Interesse ist verbunden mit Zuneigung – natürlich, instinktiv, unwiderstehlich. Wenn wir deshalb für jemanden sterben, den wir von Natur aus lieben (und Liebe gibt es auch unter Tieren), was ist das schon? »Denn so ihr liebet, die euch lieben, was werdet ihr für Lohn haben? Tun nicht dasselbe auch die Zöllner?«[36]

Rai Sanyō beschreibt in seinem großartigen Geschichtswerk mit ergreifenden Worten den inneren Kampf, den Taira no Shigemori hinsichtlich des rebellischen Verhaltens seines Vaters focht. »Wenn ich loyal bin, muss mein Vater beseitigt werden; wenn ich meinem Vater gehorche, muss ich die Pflicht gegenüber meinem Herrscher vernachlässigen.« Armer Shigemori! Später sehen wir ihn, wie er mit aller Kraft den Himmel um den Tod anfleht, damit er von dieser Welt befreit werde, in der kein Platz für Reinheit und Rechtschaffenheit ist.

Wie viele Shigemoris wurden zwischen der Pflicht und der Zuneigung hin und gerissen. Weder Shakepeare noch das Alte Testament kennen eine adäquate Wiedergabe des Begriffs *kō*, unserer Auffassung von kindlicher Pietät, und doch zögerte Bushidō in solchen Konfliktsituationen keineswegs, sondern entschied sich für die Loyalität. Auch Frauen ermutigten ihren Nachwuchs sich für den Herrscher zu opfern. So entschlossen wie die Witwe Windham und ihr erlauchter

36 Matthäus, 5.46. (AdÜ)

Gefährte, war die Samuraimutter bereit, ihre Söhne zugunsten der Loyalität zu opfern.

Da Bushidō, wie Aristoteles und einige moderne Soziologen, die Auffassung vertrat, dass erst der Staat und dann das Individuum bestand – wobei dieses in den Staat als ein Teil davon hineingeboren wird – muss das Individuum für den Staat leben und sterben oder für dessen Inhaber der legitimen Autorität. Leser von Crito werden sich an das Argument erinnern, mit dem Sokrates die Gesetze der Stadt vertritt, als Crito ihn inständig anfleht zu fliehen. Unter anderem sagen diese Gesetze oder der Staat: »Da du unter unserer Führung gezeugt, genährt und erzogen wurdest, wie könntest du es wagen zu sagen, dass du nicht unser Spross und Diener bist, du und deine Väter vor dir!« Diese Worte beeindrucken uns nicht als etwas Besonderes, denn Bushidō hatte schon lange vorher Ähnliches formuliert, mit dem Unterschied jedoch, dass die Gesetze und der Staat in Japan durch eine Person repräsentiert wurden. Loyalität ist ein ethisches Ergebnis dieser politischen Theorie.

Ich bin der Ansicht von Herbert Spencer nicht völlig abgeneigt, nach der politischer Gehorsam – Loyalität – nur bei einer Übergangsfunktion anerkannt wird[37]. Das mag sein. Ausreichend ist bis heute die Tugend derselben. Wir können es selbstzufrieden wiederholen, vor allem wenn wir daran glauben, dass *jener* Tag ein langer Zeitraum ist, an dem, wie es in unserer Nationalhymne heißt, »winzige Kiesel zu mächtigen mit Moos bedeckten Felsen wachsen«. Wir erinnern uns an dieser Stelle vielleicht, dass selbst ein so demokratisches Volk wie die Engländer »das Gefühl der persönlichen Treue zu einem Manne und dessen Nachkommen, welches die germanischen Vorfahren ihren Häuptlingen entgegenbrachten, mehr oder weniger in ihre tiefe Loyalität zum Geschlecht und Blut ihrer Fürsten einfließen ließen, was durch die außerordentliche Bindung an deren Dynastie bewiesen wird,« wie Boutmy es kürzlich ausdrückte.

---

37 *Principles of Ethics*, Bd. 1, Teil 2, Kap. 10.

Politische Unterordnung macht der Loyalität gegenüber dem Diktat des Gewissens Platz, sagte Spencer voraus. Angenommen seine Voraussage wird Wirklichkeit – wird dann Loyalität und der sie begleitende Instinkt für Respekt für immer verschwinden? Wir übertragen unsere Verbundenheit von einem Herrn zum nächsten und sind jedem treu ergeben, wir sind zunächst Untertanen eines Herrschers, der nur vorübergehend das Szepter über uns schwingt, bis wir Diener eines Monarchen werden, der im Innersten unseres Herzens thront. Vor ein paar Jahren richtete eine sehr törichte Diskussion, die von einem irregeleiteten Schüler Spencers ausging, unter der gebildeten Klasse Japans Chaos an. In ihrem Ziel, den Anspruch des Throns auf ungeteilte Loyalität aufrechtzuerhalten, lasteten sie Christen die verräterische Neigung an, Treue nur ihrem Herrn und Meister gegenüber zu bekennen. Sie brachten sophistische Argumente vor, ohne jedoch den Verstand von Sophisten zu besitzen und scholastische Verdrehungen, ohne die Feinheiten von Gelehrten. Sie wussten nicht, dass wir »zwei Herren dienen können, ohne uns nur an einen zu halten und den anderen zu verachten«. Oder anders ausgedrückt: »Gebet dem Kaiser, was des Kaisers ist, und Gott, was Gottes ist«[38]. Hatte nicht Sokrates, der hartnäckig seinem *daemon* gegenüber loyal war, nicht mit der gleichen Treue und Gelassenheit den Befehlen seines irdischen Herrn, dem Staat, gehorcht? Im Leben folgte er seinem Gewissen, im Sterben dem Staat, dem er diente. Ach, wie bedauerlich, wenn ein Staat so mächtig geworden ist, dass er von seinen Bürgern verlangt, dass sie dem Diktat ihres Gewissens folgen.

Bushidō verlangte von uns nicht, dass unser Gewissen der Sklave eines Fürsten oder Königs werde. Thomas Mowbray, der Herzog von Norfolk spricht in Shakespeares König Richard aus, was uns Japaner bewegt:

> »Myself I throw, dread sovereign, at thy foot.
> My life thou shalt command, but not my shame.
> The one my duty owes; but my fair name,
> Despite of death, that lives upon my grave,
> To dark dishonor's use, thou shalt not have.«

---

38 Markus 12.17.

Ein Mann, der sein eigenes Gewissen dem unberechenbaren Willen oder den Launen und Grillen eines Herrschers opferte, wurde nach den Regeln von Bushidō als niedrig angesehen. Ein solcher Mensch galt als *neishin,* als Kriecher, der sich durch gewissenloses Kriechen einschmeichelte oder als *chōshin,* als Günstling, der durch unterwürfige Willfährigkeit die Zuneigung seines Herrn stahl. Beide Arten entsprechen genau der Beschreibung Jagos – der eine, ein pflichteifriger, unehrlicher Schurke, der in seine eigene unterwürfige Hörigkeit vernarrt ist und seine Zeit wie der Esel des Meisters verbringt, und der andere, nach außen formvollendet und pflichtbewusst, der nur an sich selbst denkt. Wenn der Untertan anders als der Herr dachte, bedeutete dies, dass der Weg der Loyalität ihn zu jedem Mittel greifen ließ, um seinen Herrn von seinen Fehlern zu überzeugen, wie es Kent bei König Lear tat. Versagt er jedoch, kann der Herr mit ihm machen, was er will. In Fällen wie diesen war es für einen Samurai vollkommen normal an die Intelligenz und das Gewissen seines Fürsten zu appellieren und die Aufrichtigkeit der eigenen Worte zu demonstrieren, indem er sein eigenes Blut vergoss.

Das Leben wurde als Mittel für den Dienst am Herrn gesehen, dessen Ideal auf der Ehre gründete, und dementsprechend war die gesamte Erziehung und Ausbildung eines Samurai konzipiert.

KAPITEL 10

Erziehung und Ausbildung eines Samurai

Der erste Punkt, der in der ritterlichen Pädagogik Beachtung findet, war die Bildung des Charakters, wobei die subtileren Fähigkeiten wie Besonnenheit, Intelligenz und Dialektik in den Hintergrund traten. Wir haben gesehen, welch wichtigen Teil die ästhetische Vervollkommnung in dieser Erziehung spielte. So unerlässlich diese Ausbildung für einen kultivierten Mann war, so stellte sie doch mehr ein nettes Zubehör als einen wesentlichen Teil der Samurai-Ausbildung dar. Intellektuelle Überlegenheit wurde selbstverständlich geschätzt; aber das Wort *Chi*, das für Geisteskraft verwendet wurde, bedeutete in erster Linie Weisheit und verwies Wissen auf einen untergeordneten Platz. Die drei Säulen, die das Rahmenwerk von Bushidō bildeten, waren *Chi, Jin, Yū,* beziehungsweise Weisheit, Mitmenschlichkeit und Mut. Ein Samurai war vor allem ein Mann der Tat. Wissenschaft gehörte nicht zu seinem Dunstkreis, er nahm sie nur zu Hilfe, wenn sie seinem Waffenberuf zum Vorteil gereichte. Religion und Theologie waren Sache der Priester. Er selbst befasste sich mit ihnen nur insofern, als sie dazu beitrugen seinen Mut zu stärken. Der Samurai glaubte, wie ein englischer Dichter es ausdrückte, dass »nicht der Glaube den Menschen rettet; aber es ist der Mensch, der den Glauben rechtfertigt«. Philosophie und Literatur bildeten den Hauptteil der intellektuellen Ausbildung. Doch selbst dabei war es nicht die objektive Wahrheit, nach der er strebte – Literatur wurde hauptsächlich als Zeitvertreib betrieben und Philosophie als eine praktische Hilfe zur Formung des Charakters oder um militärische oder politische Probleme zu beleuchten.

Es nimmt nicht weiter wunder, nachdem was eben gesagt wurde, dass der Stundenplan nach der Pädagogik von Bushidō vor allem folgende Disziplinen umfasste: Fechten, Bogenschießen, *jūjutsu*[39] oder *yawara*, Reitkunst, Speerwerfen, Taktik, Kalligraphie, Ethik, Literatur und Geschichte. *Jūjutsu* und Kalligraphie erfordern hier einige Erklärungen. Es wurde großer Wert auf eine gute Schrift gelegt, wahrscheinlich weil unsere Logogramme eine Art Bilder darstellen und deshalb künstlerischen Wert besitzen, aber auch weil die Schreibkunst ein Ausdruck des persönlichen Charakters ist. *Jūjutsu* kann kurz als die Anwendung anatomischer Kenntnisse zum Zwecke des Angriffs oder der Verteidigung umrissen werden. Da *Jūjutsu* nicht auf der Körperstärke basiert, unterscheidet es sich vom Ringen. Die Kunst liegt darin diejenigen Körperteile des Gegners zu ergreifen oder zu treffen, die den Gegner gefühllos und unfähig machen, sodass er keinen Widerstand leisten kann. Das Ziel ist nicht zu töten, sondern den Gegner für einige Zeit außer Gefecht zu setzen.

Ein Studienfach, das man in der militärischen Ausbildung erwarten würde, ist Mathematik, die jedoch bei Bushidō völlig fehlt. Die Erklärung dafür ist einfach: Die feudalen Kriege wurden nicht mit wissenschaftlicher Präzision geführt. Nicht nur das, die gesamte Ausbildung der Samurai stand dem gesamten Zahlenwesen ablehnend gegenüber.

Ritterlichkeit ist nicht wirtschaftlich, sie rühmt sich der Enthaltsamkeit. Oder, um es mit Ventidius auszudrücken: »der Ehrgeiz, die Tugend des Soldaten, wählt eher den Verlust als den Gewinn, der ihn verdunkelt«. Don Quijote ist auf seinen rostigen Speer und sein klappriges Pferd stolzer als auf Gold und Ländereien, und ein Samurai ist diesem übertriebenen Genossen von La Mancha von Herzen gewogen. Er selbst verabscheut Geld – Geld verdienen und das

39 Eine sanfte Kunst, die keine Waffen verwendet. (William Elliot Griffis)

Anhäufen von Vermögen, das für ihn wahrhaft schmutzige Geldgier ist. Die Dekadenz eines Zeitalters wird durch den abgedroschenen Ausdruck »die Zivilisten liebten das Geld und die Soldaten fürchteten den Tod«, beschrieben. Geiz an Gold und Leben ruft genauso viel Missbilligung hervor wie deren großzügige Verwendung gelobt wird. »Vor allem sollte man nicht mit Geld geizen, denn Reichtum ist hinderlich für die Weisheit«, heißt es in einem Sprichwort. Die Erziehung der Kinder war deshalb auf die völlige Missachtung der Wirtschaft ausgerichtet. Davon zu sprechen galt als unschicklich, und die Unkenntnis des Wertes verschiedener Münzen galt als Beweis einer guten Erziehung. Zahlen waren für die Musterung von Streitkräften unentbehrlich, und auch bei der Verteilung von Pfründen und Lehen; aber Geldzählen blieb Kleingeistern überlassen. In den meisten Lehensgebieten wurden die öffentlichen Finanzen von Samurai niedrigeren Standes oder von Priestern verwaltet. Jeder denkende *bushi* wusste sehr gut, dass Geld für die Kriegsführung das Rückgrat bildete, doch das war noch lange kein Grund die Wertschätzung von Geld zu einer Tugend zu erheben. Es ist wahr, dass Sparsamkeit durch Bushidō vorgeschrieben wurde, aber nicht aus wirtschaftlichen Gründen, sondern um sich in der Enthaltsamkeit zu üben. Luxus galt als die größte Bedrohung für die Männlichkeit, und strengste Einfachheit wurde von der Kriegerklasse verlangt, weshalb in vielen Clans Gesetze gegen Luxus erlassen wurden.

Wir lesen, dass im antiken Rom Bauern mit Einkommen oder sonstige Finanzberater allmählich in den Rang von Rittern erhoben wurden, wodurch der Staat seine Wertschätzung ihrer Dienste zum Ausdruck brachte und damit auch die Bedeutung von Geld. Wie eng die Verbindung zwischen Luxus und Geiz der Römer war, kann man sich vorstellen. Nicht so bei den Regeln des Ritterstandes. Diese beharrten weiterhin auf ihrer Verachtung des Finanziellen, das als niedrig galt – niedrig verglichen mit Moral und intellektuellen Berufen.

Geld und die Liebe zum Geld wurden deshalb sorgfältig ignoriert, und Bushidō blieb deshalb lange von den tausend Übeln verschont, deren Wurzel das Geld ist, ein ausreichender Grund, dass die Korruption unter den Beamten lange ausblieb. Doch leider hat sich die Plutokratie heute schnell ihren Weg gebahnt!

Die mentale Disziplin, die heute hauptsächlich durch das Studium der Mathematik unterstützt würde, untermauerte die literarische Exegese und deontologische Diskussionen. Nur wenig abstrakte Themen verwirrten den Geist der Jugend, deren Erziehung als Hauptziel, wie ich schon sagte, definitiv die Charakterbildung hatte. Menschen, die sich einfach nur mit Wissen vollstopften, standen nicht besonders hoch in der Achtung. Von den drei Diensten, die Studien laut Bacon zu leisten hatten – zur Erbauung, als Zier und Fähigkeit – bevorzugte Bushidō entschieden letzteres, das zum Ziel hatte, »bei der Beurteilung und Handhabung von Geschäften« dienlich zu sein. Das Endziel der Erziehung diente dem Einsatz in öffentlichen Angelegenheiten oder der Ausübung der Selbstkontrolle. »Lernen ohne zu denken ist vergebliche Mühe, denken ohne gelernt zu haben, ist gefährlich«, sagte Konfuzius.

Wenn Charakter und nicht Intelligenz, wenn die Seele und nicht der Kopf von einem Lehrer geformt und erzogen wurden, haftete diesem Beruf etwas Heiliges an. »Es sind die Eltern, denen ich mein Leben verdanke, es ist der Lehrer, der mich zum Manne macht«. Vor dem Hintergrund dieser Idee war deshalb das Ansehen des Lehrers sehr hoch. Ein Mann, der bei der Jugend ein derartiges Vertrauen und Respekt hervorrief, musste zwangsläufig eine überlegene Persönlichkeit und Gelehrsamkeit besitzen. Er war der Vater für den Vaterlosen und ein Ratgeber für den Irregeleiteten. »Dein Vater und deine Mutter sind wie Himmel und Erde. Dein Lehrer und dein Fürst sind wie Sonne und Mond«, so lautet unsere Devise.

Das derzeitige System, nach dem für jede Dienstleistung gezahlt werden muss, war unter den Anhängern von Bushidō nicht vertreten, denn man glaubte an einen Dienst, der nur ohne Geld und ohne Preis ausgeführt werden kann. Der geistige Dienst, sei er von einem Priester oder einem Lehrer hingegen war nicht mit Gold aufzuwiegen, nicht weil er wertlos, sondern weil er von unschätzbarem Werte war.

Hier kommt der auf die Ehre ausgerichtete Instinkt von Bushidō, der sich nicht an Zahlen orientierte, zum Ausdruck und lehrt uns eine aufrichtigere Lektion als die moderne politische Wirtschaft; Löhne und Gehälter können nur für Dienstleistungen gezahlt werden, die eindeutig, greifbar und messbar sind, wohingegen der beste Dienst, der in der Erziehung geleistet wird – vor allem in der Entwicklung der Seele (und das schließt die Dienste eines Pastors mit ein) weder festgelegt, greifbar noch messbar ist. Aus diesem Grund ist Geld, das augenscheinliche Maß für Wert, unangebracht. Es war der Brauch, dass die Schüler zu bestimmten Jahreszeiten ihrem Lehrer Geld oder Waren brachten, was jedoch nicht als Bezahlung, sondern als eine Gabe galt und von den Empfängern gern gesehen waren. Diese Männer, für gewöhnlich von echtem Schrot und Korn, rühmten sich ihrer ehrenwerten Dürftigkeit, waren sich aber zu schade für eine körperliche Arbeit und zu stolz zum Betteln. Sie waren die Personifizierung des Lebensmuts, der durch nichts zu erschrecken war, die Verkörperung dessen, was als Endziel allen Lernens galt, ein lebendiges Beispiel der Disziplin aller Disziplinen, der Selbstbeherrschung, die von einem Samurai allgemein verlangt wurde.

KAPITEL 11

Selbstbeherrschung

Die Disziplin der Stärke auf der einen Seite und das eingeschärfte Durchhalten ohne das leiseste Murren, sowie die Erziehung zur Höflichkeit auf der anderen Seite, erforderten von uns, die Freude oder Heiterkeit des anderen nicht zu trüben, indem wir unsere eigenen Sorgen oder Schmerzen kundtun. Diese Kombination erzeugte eine Art stoischen Gleichmut, der als ein nationaler Zug angesehen wird, der jedoch nur auf den ersten Blick stoisch wirkt. Ich sage das deshalb, weil ich nicht davon überzeugt bin, dass der echte Stoizismus jemals das Charakteristikum einer ganzen Nation werden kann. Hinzu kommt, dass einige unserer nationalen Verhaltensweisen und Gebräuche auf einen ausländischen Beobachter hartherzig wirken mögen. Tatsache ist jedoch, dass wir, wie alle anderen Menschen auch, für zarte Gefühle durchaus empfänglich sind.

Ich bin geneigt anzunehmen, dass wir mehr als andere fühlen müssen, ja sogar doppelt soviel, weil der Versuch natürliche Reaktionen zu unterdrücken, Leiden nach sich zieht. Denken Sie an die Jungen und auch Mädchen, die erzogen wurden, nicht eine Träne zu vergießen oder auch nur ein Stöhnen verlauten zu lassen, um ihren Gefühlen freien Lauf zu lassen. Es stellt sich hier nun die Frage, ob solche Mühen deren Nerven stählten oder sie sensibler machten.

Für einen Samurai galt es als unmännlich sich seine Gefühle anmerken zu lassen. Ein starker Charakter wurde mit den folgenden Worten beschrieben: »Er zeigt weder Anzeichen von Freude noch von Ärger«. Die natürlichsten Gefühle wurden unter Kontrolle gehalten.

Ein Vater konnte seinen Sohn nur auf Kosten seiner Würde umarmen. Ein Ehemann würde seine Frau nicht küssen, schon gar nicht in Gegenwart anderer, ungeachtet, was er zu Hause tat! Es mag an der Bemerkung eines gewitzten jungen Mannes durchaus etwas Wahres sein: »Die amerikanischen Ehemänner küssen ihre Frauen in der Öffentlichkeit und schlagen sie zu Hause. Japanische Ehemänner schlagen ihre Frauen in der Öffentlichkeit und küssen sie zu Hause«.

Gelassenheit im Verhalten, Gefasstheit der Gesinnung sollte durch keinerlei Leidenschaft gestört werden. Ich erinnere mich, dass während des letzten Krieges mit China ein Regiment aus einer bestimmten Stadt ausrückte und eine große Menschenmenge zum Bahnhof strömte, um dem General und seiner Armee Lebewohl zu sagen. Bei dieser Gelegenheit begab sich ein amerikanischer Bürger zum Bahnhof, in der Erwartung laute Kundgebungen anzutreffen, da die ganze Nation erregt war, und Väter, Mütter und die Geliebten der Soldaten sich in der Menge befanden. Doch der Amerikaner wurde schwer enttäuscht. Als der Piff ertönte und sich der Zug in Bewegung setzte, nahmen tausende von Menschen schweigend ihre Hüte ab und senkten das Haupt in ehrerbietigem Abschied. Keine Taschentücher, die geschwenkt wurden, kein Wort, das zu vernehmen war; nur ein aufmerksames Ohr konnte in der tiefen Stille vereinzelt ein unterdrücktes Schluchzen vernehmen. Auch im häuslichen Leben verhielt man sich in dieser Art und Weise. Ich kenne einen Vater, der, um auf den Atem seines kranken Kindes zu lauschen, die ganze Nacht hinter der Tür stand, um nicht bei einem solchen Akt väterlicher Schwäche ertappt zu werden! Und ich kenne auch eine Mutter, die in ihrer letzten Stunde nicht nach ihrem Sohn sandte, weil sie ihn nicht bei seinen Studien unterbrechen wollte. Unsere Geschichte und unser tägliches Leben sind voller Beispiele heldenhafter Mütter, die den Vergleichen mit den ergreifendsten Seiten von Plutarch durchaus standhalten können. Unter unseren Bauern würde ein Ian Maclaren[40] sicher nicht nur eine Margret Howe finden.

---

40 Schottischer Schriftsteller und Theologe (1850–1907). Margret Howe ist eine seiner Figuren in *Beside the Bonnie Brier Bush.* (AdÜ)

Die gleiche Disziplin der Selbstbeherrschung ist dafür verantwortlich, dass ein erneutes Aufblühen der christlichen Kirchen in Japan fehlt. Wenn ein Mann oder eine Frau innerlich erschüttert sind, werden sie instinktiv jedes Anzeichen davon unterdrücken. In seltenen Fällen kann es vorkommen, dass wir unser Gefühl aufgrund von Redlichkeit und Leidenschaft auszudrücken wagen. Jemanden zu ermuntern, leichtfertig über spirituelle Erfahrungen zu sprechen, käme einem Verstoß gegen das Dritte Gebot gleich. Für ein japanisches Ohr ist es befremdlich, wenn heilige Worte und die innersten Geheimnisse des Herzens öffentlich preisgegeben werden. »Fühlst du wie der Boden deiner Seele von zarten Gedanken bewegt wird? Es ist an der Zeit für die Samen zu keimen. Störe sie nicht durch Worte, überlass sie der Ruhe und Verborgenheit«, schrieb ein junger Samurai in sein Tagebuch.

Wenn sich jemand in gewählten Worten über die innersten Gedanken und Gefühle äußert – insbesondere über religiöse – wird das bei uns als ein Zeichen verstanden, dass ihnen der geistige Tiefgang oder die Aufrichtigkeit fehlt. »Er ist wie ein Granatapfel«, lautet ein bekanntes Sprichwort, »wenn er den Mund aufmacht, zeigt er den Inhalt seines Herzens«.

Es ist keineswegs die Pervertiertheit der orientalischen Gesinnung, die uns dazu bringt in bewegten Momenten zu schweigen, um unsere Gefühle zu verbergen. Für uns ist Sprechen oft die »Kunst, Gedanken zu verbergen«, wie ein Franzose sagte.

Wer einen japanischen Freund besucht, der gerade in tiefstem Kummer versunken ist, wird lachend willkommen geheißen, wenngleich die Augen gerötet und die Wangen feucht sind. Man wird ihn zunächst für hysterisch halten. Drängt man ihn zu einer Erklärung, wird er nichts als ein paar Gemeinplätze von sich geben, wie: »Das menschliche Leben ist Sorge«, »Auf ein Zusammentreffen folgt der Abschied«, »Wer geboren wird, muss sterben«, »Es ist töricht, die Jahre eines Kindes zu zählen, das von uns gegangen ist, aber das Herz einer Frau ergeht sich in Torheiten«, und dergleichen. Die erhabenen

Worte des Friedrich III. von Hohenzollern – »Lerne zu leiden ohne Klage« – fanden schon lange bevor diese Worte ausgesprochen wurden unter uns Zustimmung.

Die Japaner nehmen Zuflucht zur Lachlust, wann immer die Gebrechlichkeit der menschlichen Natur einer harten Prüfung unterzogen wird. Ich bin der Ansicht, dass wir einen besseren Grund haben als Demokrit selbst für unsere abderitische Neigung, denn Lachen ist bei uns häufig die Bemühung, das innere Gleichgewicht wieder zu finden, wenn widrige Umstände uns aus der Bahn geworfen haben. Es ein Gegengewicht zu Kummer oder Zorn.

Die Unterdrückung von Gefühlen, die von uns ständig verlangt wird, findet ihr Sicherheitsventil in poetischen Aphorismen. Ein Dichter des 10. Jahrhunderts schreibt: »In Japan und auch in China drücken die Menschen, gerührt durch Kummer, ihren bitteren Gram in Versen aus«. Eine Mutter, die ihr gebrochenes Herz über den Verlust des Kindes zu trösten sucht, summt die Verse,

> »Ich frage mich, wie weit mein kleiner Jäger
> heute auf seiner Libellenjagd gegangen sei«.

so als ob das Kind sich bei der gewohnten Libellenjagd befände.

Ich enthalte mich weiterer Beispiele, denn ich weiß, dass ich den Perlen unserer Literatur kaum gerecht würde, wenn ich deren Verse, die Tropfen um Tropfen blutenden Herzen entrungen und zu Juwelen höchsten Werts verbunden wurden, in eine fremde Sprache übertrüge. Ich hoffe jedoch, ausreichend gezeigt zu haben, wie wir in unserem Inneren denken und fühlen, das sich mitunter als gefühllos oder in einer Mischung aus hysterischem Gelächter und Trübsinn zeigt, sodass unser Verstand bisweilen angezweifelt wird.

Es bestand auch die Annahme, dass unsere Fähigkeit Schmerz zu ertragen und dem Tod gleichgültig gegenüber zu stehen, weniger sensiblen Nerven zuzuschreiben sei. Das ist durchaus plausibel. Die nächste Frage, die sich stellt, ist daher, warum sollten unsere Nerven weniger empfindsam sein? Vielleicht, weil unser Klima nicht so anregend ist wie das der Amerikaner. Oder es liegt an der monarchischen Form unserer Regierung, die uns weniger aufregt als die Republik es bei einem Franzosen vermag. Es mag aber auch daran liegen, dass wir *Sartor Resartus* so eifrig lesen wie der Engländer. Ich persönlich denke, dass unsere sehr wohl vorhandene Erregbarkeit und Sensibilität es erforderlich machte, dies zu erkennen und eine beständige Zügelung unseres Selbst zu erzwingen. Doch ganz gleich wie die Erklärung auch lauten mag, niemand kann sich korrekt verhalten, wenn er sich nicht viele Jahre in der Selbstkontrolle geübt hat.

Die Disziplin der Selbstkontrolle kann aber auch leicht über das Ziel hinausschießen. Sie kann sehr wohl dazu führen, dass die natürlichen Seelenzustände unterdrückt werden. Fügsame Naturen könnten zu Auswüchsen und Monstrositäten gezwungen werden. Zudem können Bigotterie, Scheinheiligkeit oder lethargische Neigungen die Folge sein. Jede noch so edle Tugend hat ihr Gegenstück und Gegengewicht. Wir müssen in jeder Tugend deren eigene positive Vortrefflichkeit erkennen und ihrem positiven Ideal folgen. Das Ideal der Selbstbeherrschung ist unseren Geist im Gleichgewicht zu halten, oder um sich eines griechischen Begriffs zu bedienen – den Zustand *Euthymia* zu erreichen, den Demokrit das höchste Gut nannte.

Der Höhepunkt der Selbstbeherrschung wird in der ersten der beiden nachfolgenden Institutionen, die wir näher betrachten wollen, erreicht und durch sie am besten dargestellt, der Institution der rituellen Selbsttötung.

KAPITEL 12

Die Institutionen der Selbsttötung und der Vergeltung

Die beiden Institutionen (erstere bekannt als *hara-kiri* und letztere als *kata-uchi*) wurden von vielen ausländischen Verfassern mehr oder weniger ausführlich behandelt.

Bei der Selbsttötung möchte ich meine Beobachtungen auf *seppuku* oder *kappuku*, allgemein bekannt als *hara-kiri,* beschränken, was Selbstaufopferung durch Selbstentleibung bedeutet. »Sich selbst den Leib aufschlitzen? Wie absurd!«, schreit so mancher auf, dem die Bezeichnung nicht bekannt ist. Für ausländische Ohren mag es zunächst vollkommen abwegig klingen, doch wer Shakespeare studiert hat, dürfte durchaus damit vertraut sein. »Dein Geist (Cäsars) geht umher und lenkt unsere Schwerter in unsere eigenen Eingeweide«, sind die Worte, die Shakespeare Brutus in den Mund legt. Lauschen wir dem englischen Dichter, der in seinem *Light of Asia*[41] von einem Schwert spricht, das die Eingeweide einer Königin durchbohrt. Niemand tadelt ihn eines schlechten Englisch oder wegen eines Verstoßes gegen die Sittlichkeit. Oder sehen wir uns ein anderes Beispiel an: das Gemälde von Guercino, das den Tod Catos im Palazzo Rossa in Genua wiedergibt. Wer immer den Schwanengesang gelesen hat, den Addison Cato singen lässt, wird nicht über das halb in seinem Leib steckende Schwert spotten. In unserer Vorstellung ist diese Form des Todes mit Beispielen edelster Taten und dem ergreifendsten Pathos

41 Von Edwin Arnold, 1879 in Versform erschienen. (AdÜ)

assoziiert, sodass nichts Abscheuliches und noch weniger Groteskes unsere Auffassung trübt. Die Kraft, die die Tugend, die Größe, die Zärtlichkeit umzuwandeln vermag ist so wundervoll, dass selbst die wertloseste Form des Todes an Erhabenheit gewinnt und zu einem Symbol für neues Leben wird – oder anders ausgedrückt, das Zeichen, das Kaiser Konstantin erblickte, hätte die Welt nicht erobern können!

Seppuku verliert in unserer Vorstellung jeglichen Makel der Absurdität nicht allein wegen irrelevanter Assoziationen; dieser Teil des Leibes, auf den die Wahl trifft, ist einem alten anatomischen Glauben nach der Sitz der Seele und der Gefühle. Als Moses über »Josefs Inneres, das gegen seinen Bruder entbrannte«, schrieb, oder David zu Gott betete, nicht zu vergessen sein Inneres, als Jesaiah, Jeremiah und andere beseelte Männer des Altertums von »klingendem« oder »beunruhigendem« Innerem sprachen, bestätigten sie allesamt den unter den Japanern vorherrschenden Glauben, dass im Leib die Seele ihren Sitz hat. Die Semiten sprachen gewöhnlich von der Leber und den Nieren und dem sie umgebenden Fett als dem Sitz der Emotion und des Lebens. Der Begriff *hara* war umfassender als das griechische *phren* oder *thumos* und die Japaner und Hellenen dachten gleichermaßen, dass der Geist des Menschen irgendwo in diesem Bereich seinen Sitz habe. Diese Vorstellung ist keineswegs nur auf die Völker der Antike beschränkt. Die Franzosen, trotz der Theorie, die von einem ihrer bekanntesten Philosophen, Descartes, vertreten wurde, waren der Ansicht, dass die Seele sich in der Zirbeldrüse befände, und sie bestehen nach wie vor auf der Verwendung *ventre* in einem Sinne, der, falls anatomisch zu vage, nichtsdestotrotz physiologisch bedeutsam ist. Ähnlich wird *entrailles* in der französischen Sprache für Zuneigung und Mitleid verwendet. Ein solcher Glaube ist auch keineswegs bloßer Aberglaube, sondern wesentlich wissenschaftlicher als die allgemeine Vorstellung, nach der das Herz das Zentrum der Gefühle sei. Ohne einen Mönch befragen zu müssen, wusste ein Japaner besser als Romeo, »in was für einem verworfenen Teil dieses Körpers mein Name wohnt«. Moderne Neurologen sprechen vom abdominalen und Beckengehirn, und kennzeichnen damit Sympathikuszentren in jenen Teilen, die stark von jeder psychischen Regung beeinflusst werden.

Aus dieser Sicht der mentalen Physiologie ist der Syllogismus von *seppuku* leicht zu erklären. »Ich werde den Sitz meiner Seele öffnen und dir zeigen, wie es um sie steht. Sieh selbst, ob sie verunreinigt oder rein ist«.

Ich möchte nicht, dass meine Ausführung als religiöse oder sogar moralische Rechtfertigung der Selbsttötung verstanden wird. Das hohe Ansehen, das der Ehre zuteil wurde, führte dazu, dass sie als Entschuldigung für viele diente, die sich das Leben nahmen. Wie viele stimmen den Versen von Samuel Garth zu,

> »When honor's lost, 'tis a relief to die;
> Death's but a sure retreat from infamy,«[42]

und haben lächelnd ihre Seelen dem Vergessen anheim fallen lassen! Tod in Verbindung mit Ehre wurde in Bushidō als Schlüssel für die Lösung komplexer Probleme angesehen, sodass für einen ehrgeizigen Samurai der natürliche Abschied vom Leben eher eine harmlose Angelegenheit und Vollendung und nicht ein frommer Wunsch war. Ich wage zu behaupten, dass viele gute Christen, wenn sie aufrichtig genug sind, zugeben werden, dass sie die erhabene Haltung mit der Cato der Jüngere, Brutus, Petronius und viele andere ehrenwerte Personen des Altertums ihr weltliches Dasein beendeten, fasziniert, wenn nicht sogar ihre Bewunderung auslöst. Wäre es zu kühn darauf hinzuweisen, dass der Tod des herausragenden Philosophen Sokrates ein halber Selbstmord war? Wenn seine Schüler detailliert beschreiben, wie sich ihr Meister willentlich dem Mandat des Staates unterwarf – der sich moralisch geirrt hatte, wie Sokrates wusste – und statt die Möglichkeit der Flucht zu nutzen, den Schierlingsbecher selbst in die Hand nahm und ein Trankopfer des tödlichen Inhalts

---

42 Aus *The Dispensary* von Samuel Garth (1661–1719, englischer Arzt und Dichter). (AdÜ)

darbrachte, sehen wir dann nicht in diesem Vorgang und in seinem Verhalten einen Akt der Selbstaufopferung? Kein physischer Zwang ist hier anzutreffen, wie dies bei einer normalen Exekution der Fall ist. Einzig der Urteilsspruch der Richter war zwingend: »Du musst sterben – und das durch die eigene Hand«. Wenn Selbstmord nicht mehr als ein Sterben durch die eigene Hand bedeutete, dann war es bei Sokrates ein klarer Fall von Selbstmord. Aber niemand würde ihm das anlasten. Plato, der dem abgeneigt war, hätte seinen Meister niemals als Selbstmörder bezeichnet.

Nun werden meine Leser verstehen, dass *seppuku* nicht nur ein Vorgang der Selbsttötung war. Es war eine Institution, legal und zeremoniell. Es war eine Erfindung des Mittelalters, ein Vorgang, durch den die Krieger ihre Verbrechen büßen, sich für Fehler entschuldigen, Ungnade entgehen, Freunde loskaufen oder ihre Aufrichtigkeit beweisen konnten. *Seppuku* als auferlegte legale Bestrafung wurde mit der entsprechenden Zeremonie durchgeführt. Es war die verfeinerte Art der Selbstzerstörung, und niemand konnte sie ohne die größte Gelassenheit und Erhabenheit des Gebarens besser ausführen als die *bushi*.

Nicht zuletzt würde es mich allein aus antiquarischer Neugier reizen, hier eine Beschreibung dieses veralteten Zeremoniells wiederzugeben. Doch da eine derartige Beschreibung bereits von einem wesentlich besseren Verfasser vorliegt, dessen Buch heute kaum noch gelesen wird, möchte ich ein längeres Zitat daraus anführen. Mitford, der in *Tales of Old Japan* die Übersetzung einer Abhandlung zu *seppuku* aus einem seltenen japanischen Manuskript liefert, fährt fort ein Beispiel einer solchen Exekution zu beschreiben, der er als Augenzeuge beiwohnte:

> »Wir (sieben ausländische Vertreter) wurden aufgefordert dem japanischen Zeugen in die *hondō* oder Haupthalle des Tempels zu folgen, wo die Zeremonie stattfand. Es war eine beeindruckende Szene. Eine lange Halle mit hohem Dach, das von dunklen Holzsäulen getragen wurde. Von der Decke hingen im Überfluss jene riesigen vergoldeten Lampen und Ornamente, die für einen buddhistischen Tempel typisch sind. Vor

dem Hochaltar, dort wo der Boden, bedeckt mit wunderschönen weißen Matten, sich drei oder vier Zoll über dem Grund erhebt, war ein Teppich aus scharlachrotem Filz ausgelegt. Hohe Kerzen standen in regelmäßigen Abständen und verbreiteten ein gedämpftes geheimnisvolles Licht, gerade hell genug, um den Vorgang sehen zu können. Die sieben Japaner nahmen auf der linken Seite des erhöhten Bodens Platz, die sieben Ausländer auf der rechten. Sonst waren keine weiteren Personen anwesend. Nach einigen Minuten ängstlicher Spannung betrat Taki Zenzaburō, ein robuster Mann von 32 Jahren, mit erhabener Miene die Halle, gekleidet in sein Zeremonialgewand mit der speziellen ärmellosen Jacke aus Hanf, welches bei besonderen Anlässen getragen wird. Er wurde von einem *kaishaku* und drei Beamten begleitet, die einen *jimbaori* bzw. Wams mit goldener Brokatvorderseite trugen. Es ist zu beachten, dass das Wort *kaishaku* kein äquivalenter Begriff zu unserem Wort Scharfrichter ist. Dieses Amt ist das eines Gentleman: In vielen Fällen wird es von einem Angehörigen oder Freund des Verurteilten ausgeführt, und die Beziehung zwischen ihnen ähnelt eher der zwischen einem Vorgesetzten und Untergebenen als zwischen Opfer und Scharfrichter. In diesem Fall war der *kaishaku* ein Schüler von Taki Zenzaburō und war von Freunden des letzteren aufgrund seiner Geschicklichkeit in der Schwertkunst unter ihnen ausgewählt worden. Mit dem *kaishaku* zu seiner Linken begab sich Taki Zenzaburō langsam zu den japanischen Zeugen, vor denen sich beide verbeugten, dann näherten sie sich den Fremden und grüßten sie in der gleichen Weise, vielleicht sogar mit noch mehr Ehrerbietung. Die Begrüßung wurde feierlich auf beiden Seiten erwidert. Langsam und mit großer Würde begab sich der Verurteilte auf den erhöhten Boden, warf sich zweimal vor dem Hochaltar nieder und setzte sich dann in der japanischen Art[43], der *kaishaku* hockte zu seiner linken Seite. Einer der drei anwesenden Beamten begab sich daraufhin nach vorne, in der Hand einen Ständer, wie sie im Tempel für Opfergaben verwendet werden, auf dem in Papier eingewickelt das *wakizashi* lag, das Kurzschwert oder der Langdolch der Japaner, neuneinhalb Zoll lang, mit einer Spitze und einer Schneide so scharf wie ein Rasiermesser. Dieses reichte er dem Verurteilten, wobei er sich selbst tief verbeugte. Der Verurteilte nahm die Waffe ehrfurchtsvoll entgegen, hob sie mit beiden Händen über den Kopf und legte sie dann vor sich nieder. Nach einer weiteren tiefen Verbeugung sprach Taki Zenzaburō mit einer Stimme, die gerade so viel Emotion und Zögern verriet, wie von einem Manne zu erwarten ist, der ein schmerzhaftes Bekenntnis ablegt, jedoch ohne das geringste Anzeichen in seiner Mimik widerzuspiegeln:

43 Er setzt sich, wobei die Knie und die Zehen den Boden berühren und sein Körper auf den Fersen ruht. In dieser Position, die Respekt zeigt, verharrte er bis zu seinem Tod.

> ›Ich und nur ich gab den unverantwortlichen Befehl auf die Fremden in Kobe zu feuern, und dann nochmals, als sie versuchten zu entfliehen. Für dieses Verbrechen werde ich mich selbst entleiben und ich bitte Sie, die Sie hier anwesend sind, mir die Ehre zu erweisen, diese Handlung zu bezeugen.‹
>
> Dann verbeugte er sich abermals und ließ seine obere Bekleidung nach unten bis zum Gürtel gleiten, sodass er bis zur Taille nackt war. Gemäß dem Brauch steckte er seine Ärmel sorgfältig unter seine Knie, um zu verhindern, dass er rückwärts falle. Ein edler japanischer Gentleman sollte nach vorne fallen. Bedächtig mit fester Hand, ergriff er den Langdolch, der vor ihm lag. Er sah ihn wehmütig, fast liebevoll an. Für einen Moment schien er alle seine Gedanken ein letztes Mal zu sammeln, um sich dann die Waffe tief unterhalb der Taille auf der linken Seite in den Leib zu stoßen, dann zog er den Dolch langsam nach rechts, drehte ihn in der Wunde und schnitt leicht nach oben. Während dieses unerträglich schmerzvollen Vorgangs zuckte nicht ein Muskel seines Gesichts. Als er den Dolch herauszog, beugte er sich nach vorne und streckte sein Genick; zum ersten Mal zog ein Ausdruck von Pein über sein Gesicht, aber er gab keinen Ton von sich. Der *kaishaku*, der bis dahin an seiner Seite gehockt und aufmerksam auf diesen Moment gewartet hatte, sprang in diesem Augenblick auf, für eine Sekunde schwebte das Schwert in der Luft, um dann blitzartig niederzusausen, dann ein schwerer hässlicher Aufprall, ein krachender Fall. Mit einem Schlag hatte er den Kopf vom Rumpf getrennt.
>
> Es folgte eine Totenstille, unterbrochen nur durch das schreckliche Geräusch des Blutes, das aus dem vor uns liegenden reglosen Kopf sickerte, der noch kurz zuvor einem tapferen und ritterlichen Mann gehörte. Es war schrecklich.
>
> Der *kaishaku* verbeugte sich tief, wischte dann sein Schwert mit einem Papier ab, das zu diesem Zwecke bereitlag und zog sich von dem erhöhten Boden zurück. Der blutgetränkte Dolch wurde feierlich davongetragen, der blutige Beweis der Hinrichtung.
>
> Die beiden Vertreter des Kaisers verließen daraufhin ihre Plätze und begaben sich dorthin, wo die ausländischen Zeugen saßen. Sie forderten von uns zu bezeugen, dass die über Taki Zenzaburō verhängte Todesstrafe gewissenhaft ausgeführt wurde. Damit war die Zeremonie beendet und wie verließen den Tempel.«

Ich könnte noch ein Dutzend Beschreibungen von *seppuku* aus der Literatur oder von Augenzeugen anführen, aber ich will es bei einem Beispiel bewenden lassen.

Zwei Brüder, Sakon und Naiki, 24 bzw. 17 Jahre alt, unternahmen den Versuch Ieyasu zu töten, um das Unrecht zu rächen, das ihrem

Vater widerfahren war. Doch bevor sie das Lager betreten konnten, wurden sie gefangengenommen. Der alte General bewunderte den Mut der beiden jungen Männer, die es gewagt hatten, ihm nach dem Leben zu trachten und ordnete deshalb an, sie sollten eines ehrenvollen Todes sterben. Der kleine Bruder der beiden, Hachimarō, gerade acht Jahre alt, wurde zum gleichen Schicksal verurteilt, da sich das Urteil auf alle männlichen Mitglieder der Familie erstreckte, und die drei wurden zu einem Kloster gebracht, wo die Hinrichtung stattfinden sollte. Ein Arzt, der dieser Exekution beiwohnte, hinterließ uns einen Eintrag in seinem Tagebuch, der im Folgenden übersetzt ist:

> »Als alle in einer Reihe saßen, um den Tod zu empfangen, wandte sich Sakon dem jüngsten Bruder zu und sagte: ›Geh du zuerst, ich möchte sichergehen, dass du es richtig machst‹. Der Kleine antwortete darauf, dass er noch nie seppuku beigewohnt habe, und er deshalb sehen wolle, wie seine Brüder es machen, dann könne er ihnen folgen. Die älteren Brüder lächelten unter Tränen: ›Gut gesagt, Kleiner! Du kannst stolz sein, unseres Vaters Kind zu sein‹. Dann nahmen sie ihn zwischen sich und Sakon stieß sich den Dolch in die linke Seite seines eigenen Leibes und fragte: ›Sieh her, Bruder! Verstehst du nun? Nur darfst du den Dolch nicht zu weit stoßen, sonst fällst du nach hinten. Lehn dich etwas nach vorn, und halte deine Knie zusammen‹. Naiki tat dasselbe und sagte zu dem Knaben: ›Halte deine Augen offen, oder du siehst wie eine sterbende Frau aus. Wenn dein Dolch auf Widerstand in deinem Inneren trifft und deine Kraft nachlässt, nimm deinen Mut zusammen und verdopple deine Mühe den Schnitt auszuführen‹. Das Kind sah von einem zum anderen und als beide ihr Leben ausgehaucht hatten, entkleidete es ruhig seinen Oberkörper und folgte dem Beispiel, das ihm beide gegeben hatten«.

Die Glorifizierung von *seppuku* lieferte natürlich einen nicht geringen Anreiz, diesen Freitod unberechtigt zu suchen. Die Anlässe waren meist mit den Beweggründen überhaupt nicht vereinbar oder es waren Anlässe, die keinen Tod nach sich gezogen hätten. Doch die heißblütigen jungen Männer stürzten sich in den Freitod wie Motten ins Licht. Unterschiedliche und dubiose Motive trieben mehr Samurai zu dieser Tat, als Nonnen zu den Klostertoren. Das Leben war billig, billig wenn es nach der gängigen Norm der Ehre gerechnet wurde. Das Schlimmste war, dass diese Ehre, die immer im *agio* war, um es einmal so auszudrücken, nicht immer massives Gold, sondern eine Legierung mit niedrigeren Metallen war.

Kein Kreis der Hölle kann sich einer größeren Dichte an Japanern rühmen als der siebte, dem Dante alle Opfer der Selbstzerstörung zuordnet!

Und dennoch, für einen echten Samurai war der vorschnelle Tod oder das Hofieren des Todes wie Feigheit. Ein typischer Kämpfer, der Schlacht um Schlacht verlor, verfolgt von der Ebene zum Hügel, vom Busch zur Höhle, hungrig und allein in der dunklen Höhlung eines Baumes, das Schwert stumpf vom Gebrauch, der Bogen zerbrochen, die Pfeile verschossen, – stürzte sich nicht der edelste der Römer in Phillippi in sein eigenes Schwert unter ähnlichen Umständen? – für den es feige erschien zu sterben, aber mit der Stärke, die einem christlichen Märtyrer gleichkommt, sich selbst mit einem Stegreifvers aufmuntert:

> »Kommt, kommt immerfort,
> Ihr schrecklichen Sorgen und Pein!
> Und häuft euch auf die Last meines Rückens
> damit ich nicht eine Prüfung versäumen möge
> zu wissen, welche Stärke noch in mir steckt!«

Das war die Lehre des Bushidō – alle Miseren und Widrigkeiten mit Geduld und wachem Bewusstsein zu ertragen und ihnen ins Auge zu schauen. Wie schon Menzius[44] lehrte: »Wenn der Himmel jemandem ein großes Amt anvertrauen will, prüft er zuerst dessen Gesinnung durch Leiden und dessen Sehnen und Knochen durch Pein; er setzt dessen Körper dem Hunger aus und unterwirft ihn größter Armut; er bringt dessen Unternehmungen durcheinander. Und durch all das wird der Geist angeregt, der Charakter gefestigt und die Inkompetenz bloßgelegt«. Wahre Ehre liegt in der Erfüllung des himmlischen Dekrets und ein Tod, der dabei erlitten wird, ist nicht schändlich, wohingegen der Tod feige ist, der gesucht wird, um

44 Ich verwende hier wortgetreu die Übersetzung von Dr. James Legge.

dem zu entgehen, was der Himmel vorhatte. In dem altertümlichen Buch von Sir Thomas Brown *Religio Medici* findet sich das genau gleiche englische Äquivalent zu dem, was unsere Regeln uns wiederholt lehrten. Ich möchte hier daraus zitieren: »Den Tod zu verachten, ist wahrer Heldenmut, aber wenn das Leben schrecklicher ist als der Tod, ist der wahrhaftigste Heldenmut das Leben zu meistern«. Ein bekannter Priester des 17. Jahrhunderts bemerkte satirisch: »Er mag reden wie er will; ein Samurai, der noch nie gestorben ist, kann in den entscheidenden Momenten fliehen oder sich verstecken«. Und er sagte ferner: »Wenn das Herz erst gestorben ist, kann kein Speer von Sanada noch all die Pfeile des Tametomo seine Brust durchbohren«. Wie nahe kommen wir doch den Pforten des Tempels, dessen Erbauer uns lehrte »der, der sein Leben um meinetwillen verliert, der wird's finden!«[45] Das sind nur ein paar der zahlreichen Beispiele, die die moralische Identität der menschlichen Spezies bestätigen, ungeachtet des beflissenen Versuchs den Unterschied zwischen Christen und Heiden als möglichst groß darzustellen.

Wir haben gesehen, dass die Bushidō-Institution der Selbsttötung weder so irrational noch barbarisch war, wie Schmähungen es uns glauben machen wollen. Wir werden nun sehen, dass deren Schwesterinstitution, die Vergeltung – oder auch Rache genannt – gemilderte Eigenschaften aufweist. Ich hoffe, ich kann dieses Thema in ein paar Worten abhandeln, da eine ähnliche Institution, oder nennen wir es Brauch, je nachdem was besser passt, zu bestimmten Zeiten allen Völkern zu eigen war und auch jetzt noch nicht völlig aus der Welt geschafft ist, wie das Fortbestehen von Duellen und Lynchjustiz bescheinigen. Hat nicht kürzlich ein amerikanischer Offizier Esterhazy herausgefordert, das Unrecht, das Dreyfus widerfuhr, zu rächen? Ehebruch ist keine Sünde bei einem Stamm Wilder, der keine Ehe kennt, und nur die Eifersucht eines Liebhabers schützt eine Frau vor Schmähungen. Zu Zeiten, in denen es kein Strafgericht gab, war Mord kein Verbrechen, und nur die umsichtige Rache der Angehörigen des Opfers stellte die soziale Ordnung wieder her. »Was

45 Matthäus 10.39.

ist das Schönste auf Erden?«, fragt Osiris Horus. Die Antwort war: »Das Unrecht zu rächen, das den Eltern widerfahren ist«. Und ein Japaner würde hinzufügen: »das dem Meister widerfahren ist«.

Rache nehmen befriedigt in gewisser Weise den eigenen Gerechtigkeitssinn. Der Rächer räsoniert: »Mein guter Vater hat den Tod nicht verdient. Wer ihn getötet hat, beging eine große Missetat. Mein Vater, wäre er noch am Leben, hätte eine solche Tat niemals geduldet: der Himmel selbst hasst Missetaten. Es ist der Wille meines Vaters und es ist der Wille des Himmels, dass das Werk des Übeltäters ein Ende nimmt. Er muss durch meine Hand umkommen. Weil er meines Vaters Blut vergossen hat, muss ich, der ich meines Vaters Fleisch und Blut bin, das Blut des Mörders vergießen. Für ihn und mich kann es nicht den gleichen Himmel geben«. Eine solche Folgerung ist simpel und kindisch, (obwohl wir wissen, dass Hamlet nicht wesentlich tiefer dachte) doch nichtsdestotrotz zeigt sie einen angeborenen Sinn für Ausgewogenheit und ausgleichende Gerechtigkeit, »Auge um Auge, Zahn um Zahn«. Unser Sinn für Rache ist so genau wie unsere mathematische Fähigkeit und solange beide Teile der Gleichung nicht zufriedenstellend sind, haben wir stets das Gefühl, etwas nicht erledigt zu haben.

Im Judentum, das an einen eifersüchtigen Gott glaubte, oder durch Nemesis in der griechischen Mythologie, war die Rache den übermenschlichen Handlungsmächten überlassen. Doch der gesunde Menschenverstand stattete Bushidō mit der Institution der Rache als einer Art ethischem Gericht für Gerechtigkeit aus, bei dem Menschen sich der Fälle annahmen, die nicht mit den normalen Gesetzen verurteilt werden konnten. Der Herr der siebenundvierzig Rōnin war zum Tode verurteilt worden – er konnte sich an keine höhere Gerichtsbarkeit wenden. Seine Gefolgsleute nahmen sich selbst der Rache an, dem einzigen Höchsten Gericht, das bestand. Sie wurden jedoch nach dem normalen Gesetz verurteilt. Aber im Volk wurde instinktiv ein deutlicher Unterschied wahrgenommen, weshalb die Erinnerung an diese Männer bis heute noch lebendig und frisch ist, wie deren Gräber im Sengakuji.

Obwohl Laozi lehrte, Unrecht mit Güte zu vergelten, war die Stimme von Konfuzius doch wesentlich lauter, wenn er danach rief, dass Unrecht mit Gerechtigkeit vergolten werden müsse – und Rache war nur gerechtfertigt, wenn sie im Namen unserer Oberen und Wohltäter genommen wurde. Unser eigenes Unrecht, einschließlich des Unrechts, das Weib und Kindern angetan wurde, wurde ertragen und vergeben. Ein Samurai konnte für den Eid Hannibals, Rache für das seinem Land angetane Unrecht zu nehmen, volles Verständnis aufbringen, aber er lehnt James Hamilton ab, der in seinem Gürtel eine Handvoll Erde vom Grab seiner Frau trägt, um ewig daran erinnert zu werden, das Unrecht, das ihr Regent Murray angetan hat, zu sühnen.

Durch die Verkündung des Strafgesetzes verloren die beiden Institutionen Selbstmord und Vergeltung ihre Existenzberechtigung. Es gibt keine romantischen Abenteuer mehr, bei denen eine rechtschaffene Maid heimlich und in Verkleidung den Mörder ihrer Eltern verfolgt. Wir werden nie mehr Tragödien von Familienvendetta beiwohnen können. Das Umherirren des Ritters Miyamoto Musashi gehört nun zu den Geschichten der Vergangenheit. Die durchorganisierte Polizei macht für die geschädigte Partei den Verbrecher ausfindig und das Gesetz misst ihm die gerechte Strafe zu. Der gesamte Staat und die Gesellschaft werden sehen, dass Unrecht gerichtet wird. Der Gerechtigkeitssinn ist befriedigt, *kata-uchi* wird nicht mehr gebraucht. Wenn das bedeutet hätte, dass der »Hunger des Herzens von der Hoffnung genährt wird, dass dieser Hunger mit dem Lebenssaft des Opfers überreich gestillt werde«, wie ein Geistlicher aus Neu-England es beschrieb, hätten ein paar Paragraphen im Strafgesetz dem gewiss kein Ende bereiten können.

Auch *seppuku* hat *de jure* seine Existenzberechtigung verloren, aber dennoch hören wir von Zeit zu Zeit davon, und ich befürchte, wir werden auch in Zukunft davon hören, jedenfalls so lange die Vergangenheit nicht vergessen ist. Viele schmerzfreie und zeitsparende Methoden der Selbstaufopferung werden in Mode kommen und in der ganzen Welt nimmt die Zahl der Anhänger mit erschreckender

Geschwindigkeit zu. Doch Professor Morselli wird *seppuku* einen aristokratischen Platz zuweisen müssen. Er vertritt die Ansicht, dass »bei einem Selbstmord, der mit sehr schmerzvollen Mitteln oder auf Kosten eines verlängerten Todeskampfes ausgeführt wird, in neunundneunzig von hundert Fällen dies als ein Akt eines durch Fanatismus, Verrücktheit oder morbide Erregung verwirrten Geistes anzusehen ist«.[46] Aber normaler *seppuku* wird nicht durch Fanatismus, Verrücktheit oder Erregung ausgelöst, vielmehr ist es Kaltblütigkeit, die erforderlich ist, um erfolgreich zum Ende zu kommen. Von den zwei Arten, in die Dr. Strahan[47] Selbstmord unterscheidet, den rationalen oder scheinbaren und den irrationalen oder wahren, ist *seppuku* das beste Beispiel für den ersten Typ.

Ausgehend von diesen blutigen Institutionen, aber auch vom allgemeinen Tenor Bushidōs, ließ die Schlussfolgerung nahe, dass das Schwert eine wichtige Rolle im sozialen Verhalten und Leben spielte. Der Spruch, dass das Schwert die Seele des Samurai sei, ist zu einer Wahrheit in sich selbst geworden.

---

46 Morselli, *Suicide*, S. 314.
47 *Suicide and Insanity.*

KAPITEL 13

Das Schwert, die Seele des Samurai

Bushidō machte das Schwert zum Symbol für Macht und Heldenmut. Als Mahomet proklamierte, »dass das Schwert der Schlüssel zu Himmel und Hölle sei«, gab er lediglich ein japanisches Empfinden wieder. Bereits in früher Jugend lernte ein Samuraisohn mit dem Schwert umzugehen. Es war ein großer Moment für einen Knaben, wenn er im Alter von fünf Jahren als Samurai gekleidet auf ein Go-Brett[48] gesetzt wurde, in die Rechte des Militärstandes eingeführt und ihm in den Gürtel ein echtes Schwert anstelle des Spielzeugdolches gesteckt wurde. Nach dieser ersten Zeremonie der *adoptio per arma* war er außerhalb des väterlichen Hauses nie mehr ohne sein Statussymbol zu sehen, selbst wenn dieses normalerweise für den Alltag durch einen vergoldeten hölzernen Dolch ersetzt wurde. Es vergingen nicht allzu viele Jahre bis er den echten, wenngleich stumpfen Stahl, beständig trug. Doch dann wurden die Scheinwaffen beiseite gelegt und er ging mit Freude, die kühner ist als seine neu erworbenen Klingen, hinaus und probierte deren Schneiden an Holz und Stein. Wenn er mit 15 Jahren die Mannbarkeit erreicht hatte und unabhängig handeln konnte, war sein ganzer Stolz der Besitz der Waffen, die scharf genug für jedes Werk waren. Der Besitz dieser gefährlichen Geräte verlieh ihm ein Gefühl und ein Auftreten von Selbstachtung und Verantwortlichkeit. »Er trägt sein Schwert nicht vergebens.« Was

48 Das Go-Spiel wird manchmal als das Schach der Japaner bezeichnet, ist aber wesentlich komplizierter als das englische Spiel. Das Go-Brett umfasst 361 Felder und soll ein Schlachtfeld darstellen – wobei das Ziel ist, so viele Felder wie möglich zu besetzen.

er in seinem Gürtel trug ist ein Symbol dessen, was er im Herzen und seinem Geist mit sich trägt – Loyalität und Ehre.

Die beiden Schwerter, das lange und das kurze bzw. *daitō* und *shotō* oder *katana* und *wakizashi* werden ihn von nun stets begleiten. Wenn er zu Hause ist, zieren sie den auffälligsten Platz im Studierzimmer oder Salon, in der Nacht bewachen sie in Reichweite seiner Hand sein Kopfkissen. Sie sind seine ständigen Begleiter, sie werden geliebt und er verleiht ihnen zärtliche Namen. Sie werden geachtet und geradezu verehrt. Herodot, der Vater der Geschichtsschreibung, berichtet als Kuriosität, dass die Skythen einem eisernen Krummsäbel opferten. Viele Tempel und viele Familien in Japan verwahren ein Schwert als Anbetungsgegenstand. Selbst dem gewöhnlichsten Dolch ist Respekt zu bezeugen. Jede Schmähung kommt einer persönlichen Beleidigung gleich. Wehe dem, der achtlos über eine Waffe steigt, die auf dem Boden liegt!

Ein so wertvoller Gegenstand konnte sich auf Dauer nicht der Aufmerksamkeit und der Geschicklichkeit von Handwerkern entziehen, noch der Eitelkeit des Besitzers, vor allem in Zeiten des Friedens, wenn es nicht mehr Zweck erfüllte als ein Bischofsstab für den Bischof oder ein Szepter für einen König. Haihaut und feinste Seide wurden für den Schwertgriff verwendet, Silber und Gold für den Handschutz, Lack in verschiedenen Tönen für die Scheide, was die tödlichste Waffe ihres Schreckens halb beraubte. Aber dieses Zubehör war Spielerei, verglichen mit der Klinge selbst.

Der Schwertfeger war nicht nur ein Handwerker, sondern ein beseelter Künstler und seine Schmiede ein Heiligtum. Er begann jeden Tag sein Handwerk mit einem Gebet und einer Reinigung, oder wie man sagte, »er verschrieb seine Seele und seinen Geist dem Schmieden und Härten von Stahl«. Jeder Schwung seines Hammers, jedes Eintauchen ins Wasser, jedes Schleifen auf dem Schleifstein war ein religiöser Akt von Bedeutung. War es der Geist des Meisters oder der seines Schutzgottes, der einen gewaltigen Zauber über unsere Schwerter aussprach? Perfekt wie ein Kunstwerk, konnte die Klinge den Toledo- oder Damaszenerklingen standhalten und es war mehr als Kunst vermitteln kann. Die kalte Klinge, auf deren Oberfläche sich der Brodem der Atmosphäre sammelt, wenn sie gezogen wird, die fleckenlose Beschaffenheit mit leicht bläulichem Schimmer, die unvergleichliche Schneide, von der Geschichte und Chancen abhingen; der leicht gebogene Rücken, der in sich exquisite Anmut und höchste Stärke vereint – all das zieht uns mit gemischten Gefühle von Macht und Schönheit, von Ehrfurcht und Schrecken in ihren Bann. Bliebe es ein Gegenstand der Schönheit und Freude, wäre die Mission des Schwertes harmlos, doch in Reichweite der Hand konnte es leicht dazu verführen, missbraucht zu werden. Viel zu oft blitzte die Klinge auf, der friedlichen Scheide entzogen. Der Missbrauch ging mitunter so weit, dass der erworbene Stahl an dem Nacken eines harmlosen Geschöpfes ausprobiert wurde.

Die Frage, die uns hier jedoch beschäftigt ist, ob Bushidō den leichtfertigen Umgang mit dieser Waffe rechtfertigte. Die Antwort lautet entschieden: Nein! Da großer Wert auf den richtigen Gebrauch gelegt wurde, verurteilte und verabscheute Bushidō den Missbrauch. Wer seine Waffe zu unpassenden Anlässen gebrauchte, wurde als Feigling oder als Aufschneider bezeichnet. Ein selbstbeherrschter Mann wusste, wann es an der Zeit war, das Schwert zu gebrauchen und solche Momente kamen, wenn auch selten. Lauschen wir den Worten von Fürst Katsu Kaishū[49], der in einer der turbulentesten Zeit unserer Geschichte lebte, als Meuchelmorde, Selbstmorde und andere blutrünstige Praktiken an der Tagesordnung waren. Er war mit nahezu diktatorischer Macht ausgestattet, was ihn wiederholt zur Zielscheibe für Attentate machte, aber dennoch besudelte er nicht ein einziges Mal sein Schwert mit Blut. In seiner ruhigen und volkstümlichen Art berichtete er einem Freund aus seiner Vergangenheit: »Ich verabscheue es Menschen zu töten und deshalb habe ich auch keinen einzigen Mann getötet. Ich habe diejenigen freigelassen, deren Köpfe

49 1823–1899. Katsu war Politiker am Ende der Edo-Zeit und Begründer der kaiserlichen Marine in der Meiji-Zeit. Zahlreiche Attentate wurden auf ihn verübt, dennoch zog er nie seine Waffe. (AdÜ)

abgeschlagen werden sollten. Ein Freund sagte eines Tages zu mir, dass ich nicht genug töte. ›Esst Ihr denn nicht Pfeffer und Auberginen? Manche Menschen sind nicht besser‹, meinte er. Nun, Ihr seht, dieser Mann wurde selbst ermordet. Ich bin dem jedoch entgangen, weil ich Töten verabscheue. Ich hatte den Griff meines Schwertes so fest an der Scheide festgebunden, dass ich die Klinge kaum ziehen konnte. Ich beschloss, dass selbst wenn sie mich in Stücke schneiden, ich es nicht tun werde. Ja, ja, manche Menschen sind wirklich wie Fliegen und Mücken und sie beißen aber was ist das schon? Es juckt ein bisschen, das ist alles, aber es bringt das Leben nicht in Gefahr«.

Diese Worte stammen von einem Mann, der in Bushidō zu Zeiten ausgebildet wurde, als Japan sich in der hitzigen Phase zwischen Not und Triumph befand. Der bekannte Spruch »Geschlagen zu werden heißt zu erobern« bedeutete, dass wahre Eroberung darin besteht, sich einem aufrührerischen Feind nicht entgegenzustellen, und »der beste Sieg ist, bei dem kein Blut vergossen wurde« sowie andere ähnliche Bedeutungen zeigen deutlich, dass das höchste Ideal des Ritterstandes der Frieden war.

Es ist sehr bedauerlich, dass dieses hohe Ideal ausschließlich den Priestern und Moralisten zu predigen überlassen war, während der Samurai weiterhin martialische Züge praktizierte und hochlobte. Dabei gingen sie sogar so weit die Ideale der Weiblichkeit mit dem Charakter von Amazonen einzufärben. Es ist deshalb angebracht einige Abschnitte der Ausbildung und Position der Frau zu widmen.

KAPITEL 14

Ausbildung und Stellung der Frau

Die weibliche Hälfte der Menschheit wurde manchmal als der Inbegriff der Paradoxe bezeichnet, weil das intuitive Denken der Frau über das arithmetische Verständnis des Mannes hinausging. Das chinesische Schriftzeichen für »geheimnisvoll«, »das Unbekannte«, besteht aus zwei Teilen, von denen der eine »jung« bedeutet und der andere »Frau«, da der physische Charme und die zarten Gedanken des schönen Geschlechts außerhalb der Erklärung des groben mentalen Kalibers unseres Geschlechts liegen.

Das Bushidō-Ideal der Frau war jedoch kaum geheimnisvoll und nur scheinbar ein Paradox. Ich hatte bemerkt, dass man von Amazonen sprach, aber das ist nur die halbe Wahrheit. Ideographisch gesehen stellt das chinesische Schriftzeichen für Ehefrau eine Frau mit einem Besen dar, gewiss nicht um diesen gegen den ehelichen Partner zur Verteidigung oder zum Angriff zu schwingen, auch nicht zur Zauberei, sondern mehr für den harmlosen Gebrauch, für den der Besen zunächst erfunden wurde – die Idee, die dahintersteckt, ist deshalb nicht weniger häuslich als die etymologische Ableitung von wife (weaver) und daughter (duhitar – Milchmädchen) im Englischen. Ohne den Bereich der Frau auf *Küche, Kirche, Kinder* zu beschränken, wie es der derzeitige deutsche Kaiser tut, war das Bushidō-Ideal der Weiblichkeit in erster Linie häuslich. Die anscheinende Widersprüchlichkeit – häusliches Leben und amazonengleiche Wesenszüge – sind mit den Regeln des Ritterstandes nicht unvereinbar, wie wir noch sehen werden.

Bushidō ist eine Lehre, die in erster Linie auf das männliche Geschlecht abzielte, die Tugenden, die bei Frauen gepriesen wurden, waren natürlich weit von ausgesprochen weiblichen entfernt. Winckelmann bemerkt, dass die »höchste Schönheit in der griechischen Kunst eher männlich als weiblich ist« und Lecky fügt hinzu, dass dies in der moralischen Auffassung der Griechen als auch in ihrer Kunst der Fall war. Bushidō pries in ähnlicher Weise jene Frauen am meisten, die »sich selbst von der Zerbrechlichkeit ihres Geschlechts emanzipiert hatten und eine heroische Stärke an den Tag legten, die der der stärksten und tapfersten Männer ebenbürtig war«[50].

Junge Mädchen wurden deshalb erzogen, ihre Gefühle zu unterdrücken, sich nervlich abzuhärten und Waffen zu bedienen, vor allem eine Art Schwert mit langem Griff, genannt *nagi-nata*, um sich selbst gegen unerwartete Widrigkeiten zur Wehr setzen zu können. Das Hauptmotiv für diese kriegerischen Übungen war nicht der Einsatz auf dem Schlachtfeld, sondern für den eigenen Schutz und den der Familie gedacht. Da Frauen keinen Lehnsherrn hatten, bildeten sie ihre eigene Leibwache. Mit ihrer Waffe beschützte die Frau ihre persönliche Unantastbarkeit mit dem gleichen Eifer wie es ihr Gatte für die seines Herrn tat. Der häusliche Einsatz ihrer kriegerischen Ausbildung kam der Erziehung der Söhne zugute, wie wir später noch sehen werden.

Fechten und ähnliche Übungen, wenngleich sie in der Praxis selten angewandt wurden, waren ein förderliches Gegengewicht zu der sonst sitzenden Tätigkeit der Frau. Aber diese Übungen verfolgten nicht nur einen gesundheitsfördernden Zweck. Sie konnten zu bestimmten Zeiten von großem Nutzen sein. Wenn Mädchen ins heiratsfähige Alter kamen, wurden sie mit Dolchen (*kai-ken*) ausgestattet, die auf die Brust ihrer Angreifer gerichtet werden konnten oder falls ratsam, gegen sich selbst. Letzteres war oft der Fall: Ich möchte sie deshalb nicht wirklich verurteilen. Selbst das christliche Gewissen, das vor der Selbstaufopferung Horror empfindet, wird mit ihnen nicht hart ver-

---

50 Lecky, *History of European Morals* II, S. 383.

fahren, denn Pelagia und Domnina, die beide Selbstmord begingen, wurden für ihre Reinheit und Frömmigkeit kanonisiert. Wenn eine japanische Jungfrau ihre Keuschheit bedroht sah, wartete sie nicht auf den Dolch des Vaters. Ihre eigene Waffe ruhte griffbereit in ihrem Busen. Es war eine Schande, dass sie nicht wusste, wie sie die Selbsttötung verüben sollte. Sie musste bei den wenigen Kenntnissen, die sie über Anatomie besaß, nur den genauen Punkt wissen, an dem sie ihre Kehle zu durchschneiden hatte. Sie musste wissen, wie sie ihre Gliedmaßen mit einem Gürtel zusammenzubinden hatte, damit ihr Leichnam in höchst sittlicher Lage mit ordentlich ausgerichteten Beinen aufgefunden werde, ungeachtet der Agonie des Todes. Ist eine Sorgfalt wie diese nicht einer christlichen Perpetua oder der Vestalin Cornelia würdig? Ich muss hier kurz unterbrechen, um mit Missverständnissen aufzuräumen, die auf unseren Badegewohnheiten und anderen Bagatellen beruhen und aussagen, dass Keuschheit unter uns unbekannt ist.[51] Ganz im Gegenteil war die Keuschheit die vorherrschende Tugend der Samuraifrau, die höher geschätzt wurde als das Leben. Eine junge Frau, die gefangengenommen wurde und sich selbst in Gefahr sah, der Gewalttätigkeit durch rohes Militär ausgesetzt zu sein, würde zuerst sagen, dass sie ihnen zu Willen sein werde, vorausgesetzt, es sei ihr gestattet ein paar Zeilen an ihre Schwestern zu schreiben, die in alle Richtungen verstreut sind. Wenn der Brief beendet war, rannte sie zum nächsten Brunnen und rettete ihre Ehre, indem sie sich ertränkte. Der Brief, den sie zurückließ, endete mit diesen Versen:

> Aus Angst dunkle Wolken könnten ihren Schatten auf sie werfen
> begibt sie sich hinab in die unteren Gefilde
> während der Mond über dem Berge steht[52].

Es wäre ungerecht meinen Lesern den Eindruck zu vermitteln, dass die Idee der Männlichkeit unser höchstes Ideal für Frauen sei. Weit davon entfernt! Von ihnen wurden Fertigkeiten und die weicheren

---

51 Eine sehr einfühlsame Erklärung für die Nacktheit und das Baden siehe Finck *Lotos Time in Japan*, S. 286–297.

52 Abschiedsgedicht der Frau von Torii Yoshichirō. Aus *Spiegel für Frauen und Mädchen*, im Auftrag der Kaiserin von Nishimura Shigeki zusammengestellt.

Umgangsformen im Leben erwartet. Musik, Tanz und Literatur wurden nicht vernachlässigt. Einige der schönsten Verse unserer Literatur sind Ausdrucksformen von weiblichen Gefühlen. Tatsächlich spielten Frauen eine bedeutende Rolle in der Geschichte der japanischen Belletristik. Tanzen wurde nur gelehrt (ich spreche hier von Samuraimädchen und nicht von Geishas), um die Steifheit der Bewegungen in Anmut zu verwandeln. Musik diente zur Erbauung der Väter und Ehegatten in beschwerlichen Stunden. Musik wurde nicht wegen der Technik, der Kunst an sich gelernt, das ultimative Ziel war die Reini gung des Herzens, denn es heißt, dass eine Harmonie der Töne nur erreicht werden kann, wenn das Herz des Spielers im Gleichklang mit sich selbst ist.

Hier finden wir die gleiche Idee wieder, die wir bei der Ausbildung der Jugend beobachten konnten – Fertigkeiten waren dem moralischen Wert immer untergeordnet. Gerade genug Musik und Tanz, um dem Leben Anmut und Glanz zu verleihen, aber niemals um Eitelkeit und Extravagance zu fördern. Ich bin mit dem persischen Prinz einer Meinung, der, als er in einen Ballsaal in London geführt und aufgefordert wurde an den Lustbarkeiten teilzunehmen, rundweg bemerkte, dass es in seinem Land zu dieser Art Vergnügen eigens Mädchen gäbe, die diese Aufgabe erfüllten.

Die Fertigkeiten unserer Frauen wurden nicht für die Zurschaustellung oder den sozialen Aufstieg angeeignet, sie dienten der häuslichen Zerstreuung. Und wenn sie bei gesellschaftlichen Zusammenkünften glänzten, dann in der Eigenschaft als Gastgeberin, oder anders ausgedrückt, als ein Teil der Gastfreundschaft. Häuslichkeit leitete die Erziehung. Es kann behauptet werden, dass die Fertigkeiten der Frauen des alten Japan, ob kriegerisch oder friedlich, hauptsächlich auf das Heim gerichtet waren. Und ganz gleich wohin es sie verschlug, niemals verloren sie den heimischen Herd aus den Augen. Für die Aufrechterhaltung der Ehre und Integrität plagten, schufteten und gaben sie ihr Leben hin. Bei Tag und bei Nacht, mal entschlossen, mal zärtlich, mal tapfer, mal klagend sangen sie für ihr kleines Nest. Als Tochter, Frau opferten sie sich für ihren Vater, als

Ehefrau für ihren Gatten, und als Mutter für den Sohn. Von klein auf wurden sie gelehrt, sich selbst zu verneinen. Ihr Leben war nicht die Unabhängigkeit, sondern der Dienst in Abhängigkeit. Als Gefährtin des Mannes blieb sie auf der Bühne, solange es ihm half; wenn sie seine Arbeit behinderte, zog sie sich hinter den Vorhang zurück. Nicht selten geschah es, dass sich ein junger Mann in eine Maid verliebte und sie seine Gefühle mit gleicher Inbrunst erwiderte, doch wenn sie bemerkte, dass sein Interesse an ihr ihn seine Pflichten vergessen ließ, verunstaltete sie sich, um nicht mehr anziehend für ihn zu sein. Azuma, die ideale Frau in den Köpfen der Samuraimädchen, bemerkte, dass ein Mann sich in sie verliebt hatte, und um ihre Zuneigung zu gewinnen, gegen ihren Ehemann konspirierte. Sie gab vor, sich an dem heimlichen Anschlag zu beteiligen. Es gelang ihr in der Dunkelheit der Nacht den Platz ihres Mannes einzunehmen und das Schwert des meuchlerischen Liebhabers sauste hernieder auf ihr devotes Haupt.

Der folgende Brief, der von der Gattin eines jungen Daimyō verfasst wurde, bevor sie sich das Leben nahm, benötigt keinen weiteren Kommentar.

> »Ich habe oft gehört, dass nichts den Lauf der Dinge aufhalten kann und dass alles nach einem Plan geschieht. Unter dem gleichen Baum Schatten zu suchen oder aus dem gleichen Fluss zu trinken, war uns schon lange vor unserer Geburt bestimmt. Seit wir vor zwei kurzen Jahren den Bund der Ehe geschlossen haben, ist dir mein Herz gefolgt, wie ein Schatten einem Gegenstand folgt, untrennbar verbunden sind unsere Herzen, liebend und geliebt. Ich habe kürzlich gehört, dass die bevorstehende Schlacht die letzte deiner Mühen und deines Lebens sein wird, so nimm denn den Abschiedgruß deines dich liebenden Gefährten entgegen. Ich habe gehört, dass Xiang Wang, der mächtige Krieger des alten China, eine Schlacht verlor, weil er sich nicht von seiner Geliebten Gu trennen wollte. Kiso Yoshinaka, so tapfer er auch war, war zu schwach, um seiner Frau sofort Lebewohl zu sagen, was ihm zum Verhängnis wurde. Warum sollte ich, für die das Leben auf Erden keine Hoffnung noch Freude mehr bereithält – warum sollte ich dich oder deine Gedanken noch länger durch mein Dasein binden? Warum sollte ich dich nicht besser auf der Straße erwarten, die jeder Sterbliche einmal gehen muss? Ich bitte dich, vergiss niemals die Wohltaten, die unser guter Herr Hideyoshi dir angedeihen ließ. Die Dankbarkeit, die wir ihm schulden, ist so tief wie das Meer und so hoch wie die Berge.«

Der Verzicht der Frauen zum Wohle ihrer Ehegatten, des Heims und der Familie war so bewusst und ehrbar wie die Selbstaufgabe des Mannes zum Wohle seines Fürsten und seines Landes. Selbstverleugnung, ohne die das Rätsel des Lebens nicht gelöst werden kann, war das Leitmotiv der Loyalität des Mannes als auch der Häuslichkeit der Frau. Sie war nicht mehr als ein Diener des Mannes wie der Mann selbst ein Diener seines Lehnsfürsten war. Die Rolle der Ehefrau galt als *naijo*, »innere Hilfe«. In der Rangordnung stand die Frau, die sich für ihren Ehemann aufgab, an unterer Stelle, dann folgte der Ehemann, der sich für seinen Meister aufgab, der wiederum dem Himmel zu gehorchen hatte. Ich weiß um die Schwäche dieser Lehre und die Überlegenheit des Christentums, das sich hier besonders deutlich zeigt, da es von jeder lebenden Seele die direkte Verantwortung gegenüber dem Schöpfer verlangt. Nichtsdestotrotz ist, was die Doktrin des Dienens betrifft – des Dienens einer übergeordneten Sache, selbst des Opferns des eigenen Selbst; ich sage die Doktrin des Dienens, die Christus predigte und die der geheiligte Grundgedanke Seiner Mission war. In dieser Hinsicht basiert Bushidō auf der ewigen Wahrheit.

Meine Leser werden mich nicht eines unziemlichen Vorteils zugunsten einer sklavischen Unterwerfung des Willens beschuldigen. Ich akzeptiere durchaus die Ansicht von Hegel, nach dem die Geschichte die Entfaltung und Realisierung der Freiheit ist, und die er auf der Grundlage ausgedehnter Studien und mit Tiefsinn verfocht. Worauf ich hinaus möchte ist, dass die gesamte Lehre von Bushidō durch und durch von dem Geist der Selbstaufopferung durchdrungen war, die nicht nur von der Frau, sondern genauso vom Manne verlangt wurde. Daher wird unsere Gesellschaft, solange der Einfluss der Regeln des Bushidō nicht gänzlich verblasst ist, nicht die Ansicht begreifen, die eine amerikanische Vertreterin der Frauenrechte unbedacht äußerte, als sie ausrief: »Mögen sich alle Töchter Japans gegen die althergebrachten Bräuche erheben!« Kann ein solches Aufbegehren Erfolg haben? Wird das den Status der Frau verbessern? Werden die Rechte, die sie im Schnellverfahren erwerben für den Verlust der Süße ihrer natürlichen Veranlagung, die Sanftheit der Manieren entschädigen, die derzeit ihr Erbe sind? War nicht der Verlust der Häuslichkeit auf

Seiten der römischen Damen des Hauses, gefolgt von moralischer Korruptheit von solchem Ausmaß, dass dafür die Worte fehlen? Können uns die amerikanischen Reformer versichern, dass ein Aufbegehren unserer Töchter als der wahre Verlauf deren geschichtlicher Entwicklung zu sehen ist? Das sind gewichtige Fragen. Änderungen müssen sein und ohne Revolte erfolgen! In der Zwischenzeit widmen wir uns weiter dem Status des schönen Geschlechts, um zu erfahren, ob es unter dem Bushidōregiment wirklich so schlecht um die Frau bestellt war, dass eine Revolte gerechtfertigt wäre.

Wir hören viel über den äußerlichen Respekt, den europäische Ritter »Gott und den Damen« zollten – die Unvereinbarkeit dieser beiden Begriffe lässt sogar einen Gibbon erröten. Von Hallam erfahren wir, dass das sittliche Verhalten des Ritterstandes ziemlich rau war und Galanterie verbotene Liebe implizierte. Die Auswirkung des Ritterstandes auf das schwache Geschlecht war Nahrung für die Reflexion von Philosophen. Guizot behauptete, der Feudalismus und der Ritterstand hätten einen förderlichen Einfluss, während Spencer der Ansicht ist, dass in einer kriegerischen Gesellschaft (und was ist eine feudale Gesellschaft, wenn nicht kriegerisch?) die Stellung der Frau notwendigerweise niedrig ist, und sich nur verbessert, wenn sich die Gesellschaft mehr dem Gewerbe zuwendet. Welche Theorie trifft nun auf Japan zu, die von Guizot oder von Spencer? Ich möchte sagen, dass beide Recht haben. Die militärische Klasse in Japan beschränkte sich auf die Samurai, die ca. 2 Millionen Seelen umfasste. Über dieser Klasse stand die Militäraristokratie, die Daimyō, und die Hofaristokratie *kuge*, wobei diese höhergestellten, genusssüchtigen Aristokraten nur dem Namen nach Kämpfer waren. Unter dieser oberen Klasse war das gemeine Volk – Handwerker, Kaufleute und Bauern –, das sich den friedlichen Künsten widmete. Was Herbert Spencer über die Eigenschaften einer Gesellschaft des kriegersichen Typs sagt, bezieht sich demnach nur auf die Samuraiklasse, während der gewerbliche Typ auf die Klassen darüber und darunter zutrifft. Durch die Stellung der Frau wird diese Ansicht untermauert, denn in keiner Klasse hatte sie weniger Freiheit als bei den Samurai. Es mag seltsam klingen, aber je niedriger die Klasse – wie zum Beispiel bei kleinen Handwerkern – desto gleichwertiger waren Mann und Frau. Auch bei der höheren Aristokratie war der Unterschied zwischen den Geschlechtern weniger stark ausgeprägt, hauptsächlich aus dem Grund, dass es nur wenige Gelegenheiten gab, ihn herauszustellen und die sich dem Müßiggang widmenden Edelmänner verweiblicht wurden. Der Ausspruch Spencers trifft voll und ganz auf das alte Japan zu. Wer Guizot gelesen hat, wird sich erinnern, dass er in seiner Darstellung einer feudalen Gemeinschaft dem Hochadel besondere Aufmerksamkeit schenkte, sodass seine Verallgemeinerung auf die Daimyō und *kuge* zutrifft.

Ich würde mich grober Ungerechtigkeit gegenüber der historischen Wahrheit schuldig machen, wenn meine Worte nur eine sehr niedrige Meinung zum Status der Frau unter Bushidō ausdrückten. Gewiss war ihr Status nicht dem eines Mannes gleich, aber solange wir nicht gelernt haben, zwischen Unterschied und Ungleichheit zu unterscheiden, wird es zu diesem Thema immer Missverständnisse geben.

Bedenken wir, wie wenige Männer untereinander ebenbürtig sind, d. h. vor Gerichten oder bei Wahlabstimmungen, ist es müßig sich über die Diskussion von der Gleichheit der Geschlechter den Kopf zu zerbrechen. Als die amerikanische Unabhängigkeitserklärung verlautbaren ließ, dass alle Menschen gleich sind, bezog sich das nicht auf ihre mentalen oder physischen Gaben: Es war lediglich die Wiederholung dessen, was Ulpian vor langem gesagt hatte –, dass vor dem Gesetz alle Menschen gleich sind. In diesem Fall war das Maß der Gleichheit das Gesetz. Wäre das Gesetz der einzige Maßstab, nach dem die Stellung der Frau in einer Gemeinschaft zu messen wäre, könnte ihr Stand sehr leicht durch Körpergewicht in Pfund und Unzen bestimmt werden. Die Frage ist aber, gibt es eine korrekte Norm für den Vergleich der relativen sozialen Stellung der Geschlechter? Doch genug, den Status der Frau mit dem Wert eines Mannes zu vergleichen wäre den Wert von Silber mit dem von Gold zu vergleichen und das Verhältnis in Zahlen auszudrücken. Eine derartige Rechenmethode würde den wichtigsten Wert, den ein menschliches Wesen besitzen kann, außer Acht lassen: d. h. den Wert des Charakters. Angesichts der Vielzahl an Anforderungen, denen jedes Geschlecht während seines Erdendasein nachzukommen hat, kann die Norm zur Bemessung der relativen Stellung nur der Gesamtcharakter sein, oder um sich der Worte aus der Wirtschaft zu bedienen, es muss eine mehrteilige Norm sein. Bushidō hatte seine eigene Norm, die war binomisch und maß den Wert einer Frau auf dem Schlachtfeld und am Herd. Dort zählte sie wenig, aber am Herd sehr viel. Die Behandlung, die ihr zuteil wurde, war dementsprechend – als eine soziopolitische Einheit zählte sie sehr viel, während ihr als Ehefrau umd Mutter der höchste Respekt und die tiefste Zuneigung entgegengebracht wurden. Warum wurde in so kriegerischen Nationen wie bei den Römern die Dame des Hauses so hoch verehrt? Männer verbeugten sich vor ihnen nicht als Kämpferinnen oder Gesetzgeber, sondern weil sie Mütter waren. So ist es auch bei uns. Während die Väter und Ehemänner auf dem Feld oder im Lager waren, lag die Verwaltung des Haushalts einzig und allein in Händen der Mütter und Ehefrauen. Die Erziehung der Jugend, ja selbst deren Verteidigung war ihnen anvertraut. Die kriegerische Ausbildung der Frauen, von der ich bereits gesprochen habe, diente in erster Linie dazu die Erziehung der Kinder mit Verstand zu leiten und verfolgen.

Ich habe bemerkt, dass unter den nur halb informierten Ausländern eine oberflächliche Vorstellung vorherrscht, die auf den normalen japanischen Ausdrücken für die eigene Ehefrau »meine ländliche Frau« und dergleichen basiert, nach denen sie verachtet wird und wenig Wertschätzung erhält. Wenn Phrasen wie »mein törichter Vater«, »mein gemeiner Sohn«, »ich Tolpatsch« durchaus gebräuchlich sind, erübrigt sich eine Antwort.

Es scheint mir, dass unsere Vorstellung der ehelichen Verbindung in einigen Aspekten über die sogenannte christliche Idee hinausgeht. »Mann und Frau sind aus einem Fleisch.« Der Individualismus der Angelsachsen hält an der Idee fest, dass Ehemann und Ehefrau zwei Personen sind: Wenn sie streiten, werden ihre voneinander getrennten Rechte anerkannt, und wenn sie sich einig sind, erschöpfen sie sich in allen möglichen albernen Kosenamen und widersinnigen Liebkosungen. Für uns klingt es sehr irrational, wenn ein Ehemann oder eine Ehefrau einem Dritten gegenüber von der anderen Hälfte – mag sie besser oder schlechter sein – als lieblich, strahlend, freundlich und wer weiß was spricht. Es zeugt nicht gerade von gutem Geschmack von sich selbst als »mein strahlendes Selbst«, »meine liebliche Veranlagung« und so weiter zu sprechen. Wir denken, dass die Lobpreisung der eigenen Ehefrau oder des eigenen Ehemannes eine Lobpreisung der eigenen Person ist, und für uns ist es ein Zeichen schlechten Geschmacks, sich selbst zu loben, und ich hoffe, das ist es auch unter christlichen Nationen! Ich habe mich hier ausführlich ausgelassen, weil die höfliche Herabsetzung des eigenen Gefährten ein vor allem unter den Samurai verbreiteter Brauch war.

Die teutonischen Rassen begannen ihr Stammesleben mit einer abergläubischen Ehrfurcht vor dem schönen Geschlecht (obwohl das in Deutschland tatsächlich nachlässt!), und die Amerikaner traten in das Sozialleben mit dem schmerzvollen Bewusstein der numerischen Insuffizienz der Frauen ein[53] (die in wachsender Zahl, so fürchte ich, schnell das Prestige verlieren, das ihre Mütter zu Kolonialzeiten besaßen). Der Respekt, den ein Mann einer Frau in den westlichen Zivilisationen zollt, wurde zum Standard für Sittlichkeit. Aber in der kriegerischen Ethik von Bushidō wurde der entscheidende Unterschied zwischen Gut und Schlecht anderweitig gesucht. Er lag zwischen der Pflicht, an die ein Mann seine eigene göttliche Seele heftete und der Bindung an andere Seelen, und war in den fünf Beziehungen zu suchen, die ich bereits im ersten Teil dieses Buches erwähnt habe. Unter diesen fünf Beziehungen war die der Loyalität, die zwischen dem Mann als Vasall und dem Fürsten herrschte, bereits dem Leser nahegebracht worden. Die restlichen Beziehungen habe ich nur am Rande erwähnt, weil sie nicht typisch für Bushidō sind. Da sie auf natürlicher Zuneigung basieren, könnten sie der gesamten Menschheit zu eigen sein, obwohl sie in einigen Details durch Umstände betont wurden, welche durch die Lehren bedingt sind. In diesem

53 Ich beziehe mich hier auf die Zeit, als Mädchen aus England importiert und für etliche Pfund Tabak etc. verheiratet wurden.

Zusammenhang denke ich an die besondere Stärke und Zärtlichkeit einer Freundschaft zwischen Männern, die oftmals dem Band der Bruderschaft eine romantische Verbundenheit hinzufügte, die zweifellos durch die Trennung der Geschlechter in der Jugend verstärkt wurde – eine Trennung, die der Zuneigung die natürliche Bahn versagte, die ihr in der westlichen Ritterschaft oder im freien Umgang der Geschlechter in angelsächsischen Ländern offenstand. Ich könnte seitenweise über die japanischen Versionen von Damon und Pythias oder Achilles und Patroclos schreiben, oder mit Bushidō-Worten den mitfühlenden Bund beschreiben, der David und Jonathan verband.

Es ist jedoch nicht verwunderlich, dass die Tugenden und Lehren, die in den Regeln des Ritterstandes einmalig sind, nicht auf die Kriegerklasse beschränkt blieben. Und damit wenden wir uns der Betrachtung des Einflusses von Bushidō zu, der sich auf die ganze Nation erstreckte.

KAPITEL 15

Der Einfluss von Bushidō

Bis jetzt haben wir nur ein paar der herausragenden Höhepunkte betrachtet, die sich über die Reihe der ritterlichen Tugenden erheben, die in sich selbst so viel höher stehen als das allgemeine Niveau unseres nationalen Lebens. Wie die Sonne beim Aufgang zuerst die höchsten Gipfel mit rostroten Tönen berührt, und dann allmählich ihre Strahlen auf das darunterliegende Tal wirft, so zog im Laufe der Zeit das ethische System, das zuerst die Kriegerkaste erleuchtet hatte, Anhänger aus dem Volke in seinen Bann. Demokratie erhebt zu ihrem Anführer einen Mann, der von Natur aus ein Edelmann ist, Aristokratie verbreitet einen fürstlichen Geist im Volk. Tugenden sind nicht weniger ansteckend als Laster. »In einer Firma bedarf es nur eines weisen Mannes und alle sind weise, so schnell wirkt die Ansteckung«, sagt Emerson. Keine soziale Klasse oder Kaste kann der sich verbreitenden Macht des moralischen Einflusses entziehen.

Wir mögen uns über den Triumphzug der angelsächsischen Freiheit des Langen und Breiten auslassen, die aber kaum einen Impetus der Massen empfing. War es nicht vielmehr das Werk von Junkern und *Gentlemen*? Taine sagt sehr treffend: »Diese drei Silben, die jenseits des Kanals in Gebrauch sind, fassen die Geschichte der englischen Gesellschaft zusammen«. Demokratie mag auf diese Aussage selbstbewusst antworten und die Frage entgegenwerfen: »Und als Adam forschte and Eva spann, wo war da der Gentleman?« Es ist ein Jammer, dass im Garten Eden kein Gentleman anwesend war! Die ersten Eltern vermissten ihn schmerzhaft und zahlten für seine Abwesenheit einen hohen Preis. Wäre er in Eden gewesen, der Garten wäre nicht nur geschmackvoller angelegt, die beiden hätten gelernt, dass der Ungehorsam gegenüber Jehovah illoyal und unehrenhaft, verräterisch und rebellisch ist.

Was Japan war, hatte es den Samurai zu verdanken. Sie waren nicht nur die Blüte der Nation, sondern auch ihre Wurzeln. Alle huldvollen Gaben des Himmels strömten durch sie. Obwohl sie zur übrigen Bevölkerung gesellschaftlichen Abstand hielten, stellten sie einen moralischen Standard für sie dar und leiteten sie durch ihr Vorbild. Ich gebe zu, dass Bushidō esoterische und exoterische Lehren enthält, aber diese waren eudämonistisch, trachteten nach dem Wohlergehen und Glück der Allgemeinheit, während jene aretaisch waren, und die Anwendung der Tugenden zum eigenen Wohle betonten.

In Tagen der höchsten Blüte des Ritterstandes in Europa bildeten die Ritter zahlenmäßig nur einen kleinen Bruchteil der Bevölkerung, aber wie Emerson sagt: »In der englischen Literatur wird die Hälfte der Dramen und sämtliche Romane, angefangen von Sir Philip Sidney bis hin zu Sir Walter Scott dem Gentleman gewidmet«. Wenn wir anstelle von Sidney und Scott die Namen Chikamatsu und Bakin einsetzen, haben wir den Kern der japanischen Literaturgeschichte.

Die zahllosen Avenuen für gängige Unterhaltung und Unterweisung – die Theater, die Stände der Geschichtenerzähler, die Podien der Priester, die musikalischen Rezitationen, die Romane – hatten alle als Hauptthema Geschichten von Samurais. Die Bauern, versammelt um das offene Feuer in ihren Hütten, wurden nie müde die Erfolge von Yoshitsune und seinem getreuen Gefolgsmann Benkei immer wieder zu erzählen, oder die Geschichte der tapferen Soga-Brüder. Die schmutzigen Gassenjungen lauschten mit offenem Mund bis die letzte Glut verlosch und das Feuer in seiner Asche erstarb, im Herzen glühte die Erzählung jedoch weiter. Die Verkäufer und Ladengehilfen versammelten sich nach getaner Arbeit, wenn die *amado*[54] des Ladens geschlossen war, um die Geschichte von Nobunaga und Hideyoshi

54 Äußere Holzschiebetüren.

bis tief in die Nacht zu erzählen, bis ihnen vor Müdigkeit die Augen zufielen und der Schlaf sie von der Schufterei zu den Schlachtfeldern beförderte. Der Säugling, kaum dass er zu plappern begonnen, lernte den Abenteuern von Momotarō zu lauschen, dem waghalsigen Eroberer des Ogerlandes. Selbst die Mädchen sind so erfüllt von der Liebe zu den ritterlichen Taten und Tugenden, dass sie, wie Desdemona, ihr Ohr begierig den Abenteuern der Samurai leihen.

Der Samurai wuchs auf, das »Schönheitsideal« der gesamten Rasse zu sein. »So wie die Kirschblüte unter den Blumen die Königin ist, so ist unter den Männern der Samurai die Krönung«, hieß es in der Bevölkerung. Da die Kriegerklasse von gewerblichen Tätigkeiten ausgeschlossen war, unterstützte sie den Handel auch nicht. Aber es gab kein Gewerbe, keine Gedankengänge, die nicht in gewissen Maßen einen Impetus von Bushidō empfingen. Das intellektuelle und moralische Japan war direkt oder indirekt das Werk des Ritterstandes.

William Hurrell Mallock schreibt in seinem überaus sinnvollen Buch *Aristocracy and Evolution* mit eindrucksvollen Worten, dass die »soziale Evolution sich insoweit von der biologischen unterscheidet, als dass sie das unbeabsichtigte Ergebnis der Intention großer Männer ist«. Und er fährt fort, dass der historische Fortschritt durch den Kampf hervorgebracht wurde, »der nicht unter der Gemeinschaft im Allgemeinen ausgefochten wurde, sondern durch das Ringen innerhalb einer kleinen Gruppe der Gemeinschaft, die Mehrheit aufs Beste zu leiten, zu führen und einzusetzen«. Was immer man über die Stichhaltigkeit dieses Arguments sagen mag, im Hinblick auf die Rolle der *bushi* im sozialen Fortschritt wird diese Aussage weitgehend bestätigt, und so weit es ging von unserem Kaiserreich.

Wie der Geist von Bushidō alle gesellschaftlichen Klassen durchdrungen hatte, zeigt sich auch in der Entwicklung einer bestimmten Gruppe von Männern, bekannt als *otoko-date*, den natürlichen Anführern der Demokratie. Sie waren gestandene Männer, jeder Zoll von ihnen strotzte vor massiver Männlichkeit. Als Fürsprecher und Wächter der Volksrechte, folgten ihnen hunderte und tausende Seelen, die in der gleichen Weise wie es die Samurai bei den Daimyō getan hatten, sich mit »Leib und Seele, Hab und Gut und irdischer Ehre« anboten. Mit einer großen Zahl unbedachter und ungestümer Arbeiter bildeten diese zu »Bossen« geborenen Männer einen beachtlichen Widerstand gegen die Wildheit der Samurai.

Bushidō ist auf viele Weisen von der Gesellschaftsschicht, aus der er stammte nach unten gesickert, und wirkte wie ein Treibmittel in den Massen, das den moralischen Standard für das ganze Volk lieferte. Die Regeln des Ritterstandes begannen zuerst als Ruhm der Elite, doch mit der Zeit wurden sie zu einem Bestreben und einer Inspiration für die ganze Nation. Zwar erreichte das gemeine Volk nicht die luftigen Höhen der Moral des ehemaligen Kriegerstandes, doch *Yamato Damashii*, die Seele Japans, drückte schließlich den Volksgeist des Inselreiches aus. Wenn Religion nicht mehr ist als »Sittlichkeit, die von Emotion bewegt ist«, wie es Matthew Arnold definiert, so sollten einige Ethiksysteme besser als Religion betitelt werden als Bushidō. Motoori hat die stumme Äußerung der Nation in Worte gefasst, wenn er Japan besingt:

> »Inseln des gesegneten Japan
> Sollte dein Yamato-Geist
> Fremde zu überflügeln suchen,
> Sag – die von der Morgensonne erfüllte Luft
> Weht die Kirsche wild und gerecht!«

Ja, die Kirschblüte *sakura*[55] war seit jeher die Lieblingsblüte unseres Volkes und ein Symbol seines Charakters. Beachtenswert ist vor allem die Definition des Begriffs, den ein Dichter uns hinterlassen hat – *wilde Kirschblüten duftend in der Morgensonne.*

Der Yamato-Geist ist keine zahme, zarte Pflanze, sondern eine wilde – im Sinne seines natürlichen Wuchses. Er ist auf unserem Boden gewachsen. Es mögen einiger seiner Qualitäten durchaus den

55 *Cerasus pseudo-cerasus*, Lindley.

Blumen anderer Länder zufällig gemein sein, aber in seiner Essenz bleibt er ein ursprüngliches, spontanes Gewächs unserer Gefilde. Ihre Herkunft ist aber nicht der einzige Grund für unsere Zuneigung. Die Vornehmheit und Anmut ihrer Schönheit spricht unsere ästhetische Empfindung an, wie es keine andere Blume vermag. Wir können nicht in die Bewunderung der Rose, wie sie die Europäer hegen, einstimmen, weil sie nicht die Einfachheit unserer Blume besitzt. Die Dornen der Rose sind zudem hinter ihrer Lieblichkeit verborgen; die Zähigkeit, mit der sie am Leben hängt, als ob sie dem Sterben abgeneigt sei oder sich fürchte zu sterben und vorzeitig abzufallen, und es daher vorzieht auf dem Stamm zu verfaulen. Ihre auffälligen Farben und schweren Düfte sind so verschieden von unserer Blume, die hinter ihrer Schönheit weder einen Dolch noch Gift verbirgt, immer bereit aus dem Leben zu scheiden, wenn der Ruf der Natur erschallt, deren Farben nicht üppig sind und deren Duft wir niemals überdrüssig werden. Die Schönheit der Farbe und Form beschränkt sich auf die äußere feste Form, wohingegen der Duft flüchtig ist, ätherisch wie der Odem des Lebens. So spielen in allen religiösen Zeremonien Weihrauch und Myrrhe eine wichtige Rolle, denn ihr Duft birgt in sich etwas Spirituelles. Wenn der köstliche Wohlgeruch der *sakura* die Morgenluft erfüllt, und die Sonne in ihrem Lauf ihre ersten Strahlen auf die Inseln des Fernen Ostens wirft, ist nichts erheiternder als den Duft eines wunderschönen Tages einzuatmen.

Und wenn »der Herr roch lieblichen Geruch«[56] und in seinem Herzen zu neuem Entschluss fand, ist es da verwunderlich, dass die lieblich duftende Jahreszeit der Kirschblüte eine ganze Nation aus ihren kleinen Behausungen lockt? Man möge sie nicht tadeln, wenn sie für eine Weile all ihre Plackerei, alle Ängste und Sorgen des Herzens vergessen. Ist das kurze Vergnügen zu Ende, kehren sie zu ihren täglichen Aufgaben mit neuer Kraft und neuen Vorsätzen zurück, ein Grund mehr, warum die Kirschblüte die Blume der Nation ist.

---

56 Genesis 8.21.

Ist denn diese Blume, so süß und vergänglich, wohin auch immer vom Winde verweht, einen Hauch von Wohlgeruch spendend, bereit für immer zu entschwinden, ist diese Blume der Geist von Yamato? Ist die Seele von Japan so gebrechlich und sterblich?

KAPITEL 16

Ist Bushidō noch lebendig?

Hat die westliche Zivilisation, die unser Land durchdrungen hat, bereits jede Spur dieser alten Disziplin ausgelöscht?

Es wäre um Japan schlecht bestellt, wenn die Seele der Nation so schnell sterben könnte, und es würde von einer armen Seele zeugen, wenn sie so leicht äußeren Einflüssen unterläge. Die Ansammlung psychologischer Elemente, die den nationalen Charakter ausmachen, ist so beharrlich wie die »irreduktiblen Elemente der Gattungen, die Flossen der Fische, der Schnabel des Vogels, die Zähne der fleischfressenden Tiere«. In seinem kürzlich erschienenen Buch, das voll seichter Beteuerungen und brillanter Verallgemeinerungen ist, sagt Gustave LeBon[57], »die Entdeckungen, die wir der Intelligenz verdanken, sind dem Patrimonium der Menschheit eigen; Qualitäten oder Mängel des Charakters machen das alleinige Patrimonium jeden Volkes aus: Sie sind der unerschütterliche Fels, den die Wasser tagein, tagaus über Jahrhunderte auswaschen müssen, bis die äußere Rauheit abgetragen ist«.

Das sind starke Worte und wären es wirklich wert, darüber nachzudenken, vorausgesetzt, es gäbe Qualitäten und Mängel des Charakters, die eines jeden Volkes »alleiniges Patrimonium ausmachen«. Schematisierende Theorien dieser Art wurden lange bevor LeBon sein Buch zu schreiben begann, vorgebracht, und von Theodor Waitz und Hugh Murray als falsch entlarvt. Bei der Untersuchung der ver-

57 *The Psychology of Peoples*, S. 33.

schiedenen Tugenden, die durch Bushidō anerzogen wurden, hatten wir europäische Quellen zum Vergleich und zur Veranschaulichung herangezogen und gesehen, dass keine der Charakterqualitäten das alleinige Patrimonium waren. Es ist wahr, dass die Anhäufung von moralischen Qualitäten einen recht einmaligen Aspekt darstellt. Es ist diese Ansammlung, die Emerson ein »aus vielen Teilen zusammengesetztes Ergebnis, in die jede große Kraft als ein Bestandteil eingeht«, bezeichnet. Doch der Philosoph der Concord School nennt es, statt wie LeBon es tut, »ein Element, das die würdigsten Personen eines jeden Landes vereint; es trägt dazu bei, dass sie einander verstehen und miteinander umgehen können; und es ist so präzise, dass sofort bemerkt wird, wenn es einem Menschen an dem Freimaurer-anzeichen mangelt.«

Der Stempel, den Bushidō dem Charakter unserer Nation und insbesondere den Samurai aufdrückte, kann nicht als ein »irreduktibles Element der Gattungen« bezeichnet werden, doch nichtsdestotrotz gibt es keinen Zweifel an dessen Vitalität. Wäre Bushidō eine rein physische Kraft, könnte das Momentum, das er in den letzten 700 Jahren erreicht hat, nicht so abrupt anhalten. Wäre er nur durch Vererbung übertragen worden, hätte sich sein Einfluss enorm ausbreiten müssen, wenn man davon ausgeht, wie Jean Jacques Cheysson, ein französischer Ökonom, berechnet hat, dass es in einem Jahrhundert drei Generationen gibt, und »in jeder von uns das Blut von mindestens zwanzig Millionen Menschen, die im Jahre 1000 n. Chr. lebten, in ihren Adern flösse«. Der einfachste Bauer, der seinen Boden umgräbt, »gebückt unter der Last der Jahrhunderte«, hat in seinen Adern das Blut von undenklichen Zeiten und ist uns daher genauso viel ein Bruder wie er es »dem Ochsen« ist.

Bushidō hat als eine unbewusste und unwiderstehliche Macht die Nation und den einzelnen Menschen bewegt. Es war ein aufrichtiges Bekenntnis der Rasse, als Yoshida Shōin, einer der brillantesten Pioniere des modernen Japan am Vorabend seiner Hinrichtung die folgenden Verse schrieb:

»Ich war mir voll und ganz bewusst, dass es mit dem Tode enden würde;
Es war der Yamato-Geist, der mich antrieb
etwas zu wagen, was auch immer geschehen möge.«

Bushidō war und ist, selbst unausgesprochen, immer noch der beflügelnde Geist, die Antriebskraft unseres Landes. Ransome sagt, dass »es drei verschiedene Japan gibt, die nebeneinander existieren – das alte, das noch nicht ganz ausgestorben ist, das neue, das außer im Geist noch kaum geboren ist und das Japan des Übergangs, das sich derzeit in seiner kritischsten Phase befindet«. In vieler Hinsicht ist diese Aussage sehr treffend, inbesondere im Hinblick auf greifbare und konkrete Einrichtungen, doch hinsichtlich der fundamentalen ethischen Vorstellungen muss diese Aussage abgeändert werden. Bushidō, der Schöpfer und das Erzeugnis des alten Japan ist immer noch das Leitprinzip in der Übergangsphase und wird sich für die neue Ära als die prägende Kraft erweisen.

Die großen Staatsmänner, die das Schiff unseres Staates durch die Stürme der Restauration und Strudel der Erneuerung steuerten, waren Männer, die keine andere Moralerziehung als die Regeln des Ritterstandes kannten. Einige Verfasser[58] haben vor kurzem versucht zu beweisen, dass die christlichen Missionare einen erheblichen Anteil an der Schaffung des neuen Japan beitrugen. Ich würde gerne denjenigen die Ehre zuteilwerden lassen, die ihnen zusteht, aber in diesem Fall kann diese Ehre kaum den guten Missionaren zugestanden werden. Es ist für ihren Berufsstand geziemender sich an die Heilige Schrift zu halten und dieser Ehre zuteil werden zu lassen als sich mit einer Ehre zu schmücken, die ihnen nicht zusteht. Ich selbst bin der Meinung, dass die christlichen Missionare für Japan sehr viel Gutes tun – auf dem Gebiet der Erziehung und vor allem der moralischen Erziehung: Nur der geheimnisvolle, dennoch nicht weniger wirkende Heilige Geist ist immer noch im göttlichen Geheimnis verborgen. Was immer die Missionare tun, ist nach vor wie von indirekter Aus-

58 Speer, *Missions and Politics in Asia*, Lecture IV, S. 189–190; Dennis, *Christian Missions and Social Progress*, Bd. I, S. 32, Bd. II, S. 70, etc.

wirkung. Die christlichen Missionen haben bislang kaum eine sichtbare Wirkung auf die Bildung des Charakters des neuen Japan zu verzeichnen. Es ist vielmehr Bushidō, rein und einfach, der uns zu Wohl und Wehe vorantrieb. Öffnen wir die Biographien der Schöpfer des neuen Japan – wie von Saigō Takamori, Ōkubo Toshimichi, Kidō Kōin, usw. und nicht zu vergessen die Erinnerungen der noch lebenden Männer wie Itō Hirobumi, Okuma Shigenobu, Itagaki Taisuke, und wir werden feststellen, dass sie unter dem Einfluss des Samuraistandes erzogen und geformt wurden. Als Henry Norman erklärte, dass er nach seinen Studien und der Beobachtung des Fernen Ostens zu dem Schluss kam, dass sich Japan nur durch den Respekt von anderen orientalischen Despotien unterscheide, was darauf zurückzuführen sei, dass »der vorherrschende Einfluss unter dem Volke der strikteste, erhabendste und förmlichste Ehrenkodex sei, den die Menschheit je hervorgebracht habe«, sprach er die Hauptquelle dessen an, was zum neuen Japan geführt hatte und was Japans Zukunft bestimmt[59].

Die Wandlung Japans ist eine Tatsache, die für die ganze Welt offensichtlich ist. In ein Werk von solch großem Ausmaß flossen natürlich verschiedene Motive ein. Aber wollten wir eines namentlich als das Hauptmotiv nennen, werden wir ohne zu zögern Bushidō anführen. Als wir das ganze Land dem ausländischen Handel öffneten, als wir die neuesten Verbesserungen in jeden Lebensbereich einführten, begannen wir die westliche Politik und Wissenschaften zu studieren, wobei unsere Leitmotive keineswegs die Entwicklung unserer physischen Ressourcen oder die Zunahme von Reichtum war; ebenso wenig war es eine blinde Imitation der westlichen Gebräuche. Meredith Townsend, ein enger Beobachter der orientalischen Institutionen und Völker schrieb:

> »Uns wird jeden Tag gesagt, wie Europa Japan beeinflusste; dabei wird vergessen, dass die Änderung auf jenen Inseln vollkommen aus sich selbst heraus stattfand, dass die Europäer keineswegs Japan lehrten, sondern dass Japan von sich aus beschloss, die europäischen Methoden der Or-

59 *The Far East.*

ganisation des Zivil- und Militärwesens zu studieren, was sich bis jetzt als erfolgreich erwiesen hat. Japan importierte europäische technische Wissenschaft, wie die Türken Jahre zuvor die europäische Artillerie einführten. Das hat nicht wirklich etwas mit Einfluss zu tun«, fährt Townsend fort, »außer England wird tatsächlich durch den Kauf von Tee in China beeinflusst. Wo ist der europäische Apostel oder Philosoph oder Staatsmann oder Agitator, der Japan erneuert hat?«[60]

Townsend hatte klar erkannt, dass der Ursprung unseres Handelns, das die Änderungen in Japan herbeigeführt hatte, ganz und gar in uns selbst lag. Und hätte er nur in unserer Psychologie nachgeforscht, wäre er dank seiner scharfen Beobachtungsgabe sicher zu dem Schluss gekommen, dass dieser Ursprung nichts anderes als Bushidō war. Das Ehrbewusstsein, das nicht als eine niedrigere Kraft verächtlich betrachtet werden darf, war das stärkste Motiv. Erst später erwachten im Prozess der Umwandlung pekuniäre oder industrielle Überlegungen.

Der Einfluss von Bushidō ist immer noch so spürbar, »dass es lesen könne, wer vorüberläuft«[61]. Ein Blick auf das japanische Leben lässt ihn offensichtlich werden. Wer Hearn liest, den wortgewandtesten und aufrichtigen Deuter der japanischen Gesinnung, wird erfahren, dass diese Gesinnung ein Beispiel dafür ist, wie Bushidō wirkt. Die universelle Höflichkeit der Menschen, ein Erbe des ritterlichen Weges, ist zu bekannt, als dass sie hier erneut angeführt werden müsse. Das körperliche Durchhaltevermögen, die Stärke und die Tapferkeit des »kleinen Japaners« wurden ausreichend im Chinesisch-Japanischen Krieg[62] unter Beweis gestellt. Viele stellen die Frage ob es eine Nation gebe, die loyaler und patriotischer ist. Wir können stolz darauf antworten: »Nein«, und müssen den Regeln unseres Ritterstandes dafür dankbar sein.

---

60 Meredith Townsend, *Asia and Europe,* N.Y., 1900, S. 28.

61 Habakuk 2.2. (AdÜ)

62 Lesen Sie unter anderem dazu Eastlake und Yamada *Heroic Japan*, und Diosy *The New Far East.*

Andererseits muss gerechterweise zugegeben werden, dass Bushidō auch für die Fehler und Mängel unseres Charakters im Großen und Ganzen verantwortlich ist. Unser Mangel an abstrakter Philosophie – zwar haben einige junge Männer bereits internationale Anerkennung auf dem Gebiet wissenschaftlicher Forschung erworben, doch keiner konnte sich bis jetzt in den Reihen der Philosophen hervortun – ist darauf zurückzuführen, dass unter dem Regiment von Bushidō die metaphysische Ausbildung bei der Erziehung vernachlässigt wurde. Unser Sinn für Ehre ist für eine übertriebene Sensibilität und Empfindsamkeit verantwortlich und falls wir eingebildet sein sollten, wie uns einige Ausländer zur Last legen, ist auch das ein pathologisches Ergebnis der Ehre.

Haben Sie auf Ihrer Rundreise durch Japan nicht etliche junge Männer gesehen, die durch die Straßen stolzieren, das Haar ungekämmt, gekleidet in das schäbigste Gewand, in der Hand einen großen Stock oder ein Buch, und mit einem Gesichtsausdruck völligen Desinteresses an den weltlichen Dingen? Das ist ein *shosei* (Student), für den die Erde zu klein und der Himmel nicht hoch genug ist. Er hat seine eigenen Theorien zum Universum und dem Leben. Er lebt in Luftschlössern und nährt sich von ätherischen Worten der Weisheit. In seinen Augen leuchtet das Feuer des Ehrgeizes, sein Geist dürstet nach Wissen. Dürftigkeit ist für ihn nur ein Anreiz, der ihn vorwärts treibt. Weltliche Güter sind in seinen Augen Fesseln für seinen Charakter. Er ist der Bewahrer von Loyalität und Patriotismus. Er ist ein selbsternannter Wächter der nationalen Ehre. Mit allen seinen Tugenden und Fehlern ist er das letzte Überbleibsel von Bushidō.

Tief verwurzelt und immer noch einflussreich ist die Wirkung von Bushidō, und ich sagte bereits, dass es ein unbewusster und stiller Einfluss ist. Das Herz der Menschen reagiert auf jeden Aufruf dessen, was es geerbt hat, ohne zu wissen warum, und dennoch hat die gleiche moralische Idee, wenn sie in einem neuen Begriff und dem alten des Bushidō wiedergegeben wird, einen sehr unterschiedlichen Grad an Wirkung. Ein Christ, der sich vom Glauben abgewandt hatte, konnte durch kein seelsorgerisches Zureden auf den rechten Pfad zurückgeleitet werden, aber letzlich durch die Loyalität, die er seinem Herrn geschworen hatte, zur Umkehr bewegt werden. Das Wort »Loyalität« ließ alle edlen Gefühle langsam wieder erwachen. Eine Gruppe widerspenstiger junger Männer, die sich an einem lang andauernden »Studentenstreik« an einem College beteiligt hatten, weil sie mit einem bestimmten Lehrer unzufrieden waren, löste sich auf zwei einfache Fragen auf, die der Direktor stellte: »Ist euer Professor ein untadeliger Charakter? Wenn ja, so sollten ihr ihn achten und ihn in der Schule behalten. Ist er schwach? Wenn ja, dann wäre es nicht mannhaft einen fallenden Mann zu stoßen«. Die wissenschaftliche Inkompetenz des Professors, die der Auslöser für die Unruhe war, verblasste zur Bedeutungslosigkeit im Vergleich zu den moralischen Problemen auf die sie hingewiesen wurden. Indem die Gefühle, die durch Bushidō genährt wurden, die Oberhand gewannen, konnte die moralische Erneuerung großen Ausmaßes vollendet werden.

Ein Grund für das Versagen der Missionsarbeit ist, dass die meisten Missionare wenig Ahnung von unserer Geschichte haben. »Was gehen uns die heidnischen Aufzeichnungen an?«, sagen manche, und demzufolge entfremden sie ihre Religion den Gedankengängen, an die wir und unsere Vorfahren seit Generationen gewöhnt sind. Sich über die Geschichte einer Nation zu mockieren ist als ob der geschichtliche Verlauf eines Volkes – und selbst der der niedrigsten afrikanischen Wilden, die keine schriftlichen Zeugnisse haben – auf keiner Seite der allgemeinen Geschichte der Menschheit zu finden wäre, eine Geschichte, die von Gott selbst geschrieben wurde. Die untergegangenen Rassen sind ein Palimpsest, die das sehende Auge entziffern kann. Für einen philosophischen und frommen Geist sind die Rassen selbst Kennzeichen der göttlichen Schreibkunst, die deutlich, wie ihre Haut schwarz und weiß ist, verfolgt werden kann. Wenn dieses Gleichnis weiterbesteht, dann bildet die gelbe Rasse eine kostbare Seite, beschrieben mit Hieroglyphen in Gold! Missionare beanspruchen für sich, dass das Christentum eine neue Religion sei, ohne die Vergangenheit eines Volkes zu kennen, doch für mich ist es eine »sehr alte Geschichte«, die, wenn sie in verständlichen Worten vorgetragen wird, das heißt so, dass sie in dem Vokabular ausgedrückt wird, das der moralischen Entwicklung eines Volkes angepasst ist, leicht einen Platz in ihren Herzen finden wird, ungeachtet der Rasse oder Nationalität.

Christentum in seiner amerikanischen oder englischen Ausprägung – mit mehr angelsächsischen Monströsitäten und Phantasien als Gnade und Reinheit des Stifters – ist ein armseliger Ableger, der auf den Grundstock von Bushidō aufgepfropft wird. Sollte der Verkünder des neuen Glaubens den gesamten Stock, Wurzeln und Zweige ausreißen und die Samen des Evangeliums auf der verwüsteten Erde aussäen? Ein solcher Vorgang mag möglich sein – auf Hawaii, wo angeblich die militante Kirche vollkommenen Erfolg bei der Anhäufung von Reichtum und der Ausmerzung der einheimischen Rasse verzeichnen konnte: Ein solcher Vorgang ist in Japan definitiv unmöglich, ja es ist ein Vorgang, den Jesus selbt niemals bei der Gründung seines Königreiches auf Erden gewollt hätte. Es ist erforderlich, dass wir uns mehr die folgenden Worte eines heiligen Mannes zu Herzen nehmen, Worte eines devoten Christen und profunden Gelehrten:

> »Die Menschen haben die Welt in Christen und Heiden unterteilt, ohne zu bedenken, wie viel Gutes in dem einen verborgen ist und wie viel Schlechtes sich mit dem anderen vermischt haben mag. Sie haben das Beste von sich mit dem Schlechtesten ihrer Nachbarn verglichen, das Ideal des Christentums mit der Verderbtheit Griechenlands oder des Ostens. Ihr Ziel war nicht die Unparteilichkeit, sie waren zufrieden alles anzuhäufen, was an Gutem über sie selbst und was an Verwerflichem über andere Religionsformen gesagt werden kann.«[63]

Doch ganz gleich, welche Fehler einzelne begehen, es besteht wenig Zweifel daran, dass das grundlegende Prinzip der Religion, zu der sie sich bekennen, eine Macht ist, die wir angesichts der Zukunft von Bushidō berücksichtigen müssen, dessen Tage bereits gezählt zu sein scheinen. Über ihm schweben bedrohliche Zeichen, die seine Zukunft andeuten. Es sind nicht nur Zeichen, sondern zweifelhafte Kräfte, die dabei sind ihn zu bedrohen.

---

63 Jowett, *Sermons on Faith and Doctrine,* II.

KAPITEL 17

Die Zukunft von Bushidō

Nur wenige historische Vergleiche können zwischen dem Ritterstand Europas und Bushidō Japans gezogen werden, und falls sich die Geschichte wiederholen sollte, wird Letzterem sicher das gleiche Schicksal wiederfahren wie dem Ritterstand. Die besonderen und lokalen Gründe für den Verfall des Rittertums, die St. Palaye anführt, sind natürlich kaum auf japanische Zustände anzuwenden. Aber im Großen und Ganzen führen die Ursachen, die dazu beitrugen den Ritterstand und das Rittertum im und nach dem Mittelalter zu untergraben, sicher auch zum Verfall von Bushidō.

Ein bemerkenswerter Unterschied zwischen dem Verlauf in Europa und Japan liegt darin, dass die Ritterlichkeit, als sie in Europa dem Feudalismus entwöhnt wurde, von der Kirche adoptiert und ihr neues Leben eingehaucht wurde, während in Japan keine Religion groß genug war, sie zu nähren. Als jedoch die Mutterinstitution des Feudalismus untergegangen war, musste Bushidō, der als Waise zurückblieb, für sich selbst sorgen. Die derzeitige ausgeklügelte Militärorganisation könnte ihn vielleicht unter ihre Fittiche nehmen, aber wir wissen, dass moderne Kriegsführung wenig Raum für ein beständiges Wachstum lässt. Shintōismus, der in seiner Kindheit gefördert wurde, hat sich selbst in den Ruhestand geschickt. Die ergrauten Weisen des alten China wurden von den intellektuellen Emporkömmlingen vom Typ Bentham und Mill verdrängt. Es wurden bequeme Moraltheorien, die den chauvinistischen Tendenzen der Zeit entgegenkamen und die man deshalb als besonders geeignet für die heutige Zeit adaptierte, erfunden und propagiert. Doch wir hören nur ihre schrillen Stimmen, die in den Kolumnen der Hetzpresse widerhallen.

Fürstentümer und Mächte stehen den Regeln des Ritterstandes gegenüber. »Besonders sensible Menschen sehen den Verfall des Zeremonialkodex – oder anders ausgedrückt die Popularisierung des Lebens – als Hauptfaktor der modernen Zivilisation, der die Klassen der Industriegesellschaft bestimmt«, wie Veblen sagt. Die unaufhaltsame Welle der triumphierenden Demokratie, die kein Entstehen oder die Form eines Syndikats duldet – und Bushidō war ein Syndikat, organisiert von denjenigen, die über das Reservekapital des Intellekts und der Kultur als Monopol verfügten, wodurch die Stufen und die Qualitäten des moralischen Wertes bestimmt wurden – ist für sich allein mächtig genug, die Überreste von Bushidō zu überfluten. Die derzeitigen sozietären Kräfte sind antagonistisch zum enggesteckten Klassengeist, und Ritterlichkeit ist, wie Freeman scharf kritisiert, ein Klassengeist. Die moderne Gesellschaft kann es nicht zulassen, dass »sich rein persönliche Verpflichtungen im Interesse einer exklusiven Klasse entwickeln«, wenn sie vorgibt eine Einheit zu sein.[64] Fügen wir dem noch den Fortschritt der gängigen Unterweisung in gewerblicher Kunst und in Gewohnheiten, des Reichtums und des Stadtlebens hinzu, werden wir leicht erkennen, dass weder der schärfste Schnitt eines Samuraischwertes noch die spitzesten Pfeile, die vom kühnsten Bogen Bushidōs verschossen werden, etwas nützen. Der einst auf dem Felsen der Ehre aufgebaute und durch die Ehre gefestigte Staat – sollten wir ihn Ehrenstaat oder nach Carlyle Heroarchie nennen? – fällt mehr und mehr in die Hände von wortklaubenden Advokaten und Kauderwelsch redenden Politikern, die mit Kriegsmaschinen bewaffnet jede Art von Logik zerstückeln. Oder was ein großer Denker von Theresa und Antigone sagte: »das Medium, durch das ihre leidenschaftlichen Taten Form annahmen, ist für immer verschwunden«.

64 *Norman Conquest*, Bd. V, S. 482.

Ein Jammer für die ritterlichen Tugenden! Ein Jammer für den Stolz der Samurai! Sittlichkeit, die unter dem Klang von Hörnern und Trommeln in die Welt hinaustrat, ist dazu bestimmt, zu entschwinden, wie »Kapitäne und Könige scheiden«.

Die Geschichte lehrt uns, dass ein Staat, der auf den kriegerischen Tugenden aufgebaut ist, sei es eine Stadt wie Sparta oder ein Reich wie das römische, niemals eine »ewige Stadt« auf Erden sein kann. Der universelle und natürliche Kampfgeist des Mannes, die edlen Gefühle und mannhaften Tugenden umfassen nicht den ganzen Menschen. Unter dem Kampfinstinkt lauert ein göttlicherer Instinkt der Liebe. Wir haben gesehen, dass Shintō, Menzius und Wang Yangming sie lehrten. Aber Bushidō und alle anderen kriegerischen Ethikschulen, die mit Fragen von sofortiger praktischer Notwendigkeit in Anspruch genommen wurden, haben zweifellos diese Tatsache nicht gebührend betont. Das Leben hat in der letzten Zeit andere Dimensionen angenommen. Edlere und größere Anforderungen als die Ansprüche eines Kriegers erfordern heute unsere Aufmerksamkeit. Die konfuzianische Idee der Mitmenschlichkeit – oder sollte ich es wagen die buddhistische Idee des Mitleidens miteinzubringen? – wird sich, je weiter unser Horizont wird und je mehr die Demokratie heranwächst und je besser wir andere Menschen und Nationen kennen, auf die christliche Vorstellung von Liebe ausdehnen. Der Mensch ist vom bloßen Untertan zum Bürger aufgestiegen, ja mehr sogar, er ist Mensch geworden.

Obwohl die Wolken des Krieges unseren Horizont verdüstern, glauben wir fest daran, dass die Flügel des Friedensengels sie vertreiben werden. Die Geschichte der Welt bestätigt die Prophezeiung, »selig sind die Sanftmütigen, denn sie werden das Erdreich besitzen«[65]. Eine Nation, die ihr Geburtsrecht des Friedens verkauft und vom vordersten Rang des Industrialismus in die Reihe des Filibustertums zurückfällt, macht tatsächlich ein schlechtes Geschäft!

---

65 Matthäus 5.5.

Wenn sich der Zustand der Gesellschaft dermaßen verändert hat, dass diese Bushidō gegenüber nicht nur entgegengesetzt, sondern sogar feindlich wird, ist es an der Zeit ein ehrenhaftes Begräbnis vorzubereiten. Den genauen Todeszeitpunkt der Ritterlichkeit zu bestimmen ist genauso schwierig wie den Zeitpunkt der Empfängnis festzulegen. Miller sagt, dass der Ritterstand offiziell im Jahre 1559 abgeschafft wurde, als Heinrich II. von Frankreich in einem Turnier erschlagen wurde. In Japan war das formelle Edikt, das 1870 den Feudalismus abschaffte, der Auftakt die Totenglocke für Bushidō zu läuten. Das Edikt, das zwei Jahre später den Samurai das Tragen der beiden Schwerter verbot, läutete das neue Zeitalter von »Sophisten, Ökonomen und Rechnern« ein, und rangierte die alte »unverkäufliche Gnade des Lebens, die wohlfeile Verteidigung der Nationen, die Amme der mannhaften Gesinnung und heroischen Unternehmungen« aus.

Es heißt, dass Japan den letzten Krieg gegen China mit Hilfe der Murata-Gewehre und Krupp-Kanonen gewann. Es heißt auch, dass der Sieg das Werk eines modernen Schulsystems war. Aber das sind nur Halbwahrheiten. Kann ein Piano, das von den besten Klavierbauern, sei es Ehrbar oder Steinway, geschaffen wurde, ohne die Hand eines Meisters plötzlich Rhapsodien von Liszt oder Sonaten von Beethoven spielen? Oder wenn Gewehre Schlachten tatsächlich gewinnen, warum schlug Louis Napoléon die Preußen dann nicht mit seiner *Mitrailleuse* oder die Spanier mit ihren Mausern die Philippinos, deren Waffen nicht besser waren als die alten Remingtons? Es ist unnötig zu wiederholen, dass es der Geist ist, ohne den die besten Werkzeuge wenig nützen. Die besten Gewehre und Kanonen schießen nicht von allein, das beste Schulsystem macht aus einem Feigling noch lange keinen Helden. Die Schlachten am Yalu, in Korea und in der Manchurei wurden dank des Geistes unserer Väter gewonnen, der unsere Hände leitete und in unseren Herzen schlug. Diese Geister, die kriegerische Gesinnung unserer Vorfahren sind nicht tot. Und wer offenen Auges durch die Welt geht, wird diesen Geist auch heute noch klar und deutlich sehen. Hinter einem Japaner mit den fortschrittlichsten Ideen steckt immer noch ein Samurai. Das große

Erbe der Ehre, der Tapferkeit und aller kriegerischen Tugenden ist, wie es Professor Cramb sehr treffend ausdrückt, »das Vermögen, das unveräußerliche Lehen der Toten und kommenden Generationen«. Die jetztige Generation ist aufgerufen, dieses Erbe zu beschützen und nicht ein Jota des alten Geistes preiszugeben. Die zukünftige wird den Geltungsbereich erweitern, damit dieses Erbe in allen Schichten der Bevölkerung ihre Gültigkeit hat.

Es wurde vorhergesagt, und die Vorhersagen wurden durch die Ereignisse des letzen halben Jahrhunderts bestätigt, dass das Moralsystem des feudalen Japan zu Staub zerfallen werde wie die Burgen und Waffenkammern, und eine neue Ethik wird sich wie ein Phönix erheben, um das neue Japan auf seinem Weg zum Fortschritt zu leiten. So wünschenswert und wahrscheinlich es sein mag, dass diese Prophezeiung in Erfüllung geht, ist doch dabei nicht zu vergessen, dass sich der Phönix aus der eigenen Asche erhebt, und dass er kein Zugvogel ist noch auf Flügeln fliegt, die er sich von anderen Vögeln geborgt hat. »Das Königreich Gottes ist in dir.« Es kommt nicht von den Bergen, wie hoch sie auch sein mögen, es segelt nicht über die Ozeane, wie weit sie auch sein mögen. »Gott hat jedem Volk einen Propheten in seiner Sprache gewährt«, heißt es im Koran. Die Samen des Reiches, die für den japanischen Geist stehen und von ihm aufgenommen wurden, trieben zu Blüten in Bushidō. Es ist bedauerlich sagen zu müssen, dass sich, noch bevor er zu voller Reife gelangt ist, seine Tage dem Ende zuneigen, und wir uns nach allen Richtungen wenden, um neue Quellen der Süße und des Lichts, der Stärke und der Annehmlichkeit zu suchen, doch bis jetzt nichts fanden, was an seine Stelle treten könnte. Die Philosophie von Gewinn und Verlust der Utilitaristen und Materialisten findet unter den Sophisten halbherzig Anklang. Das andere ethische System, das stark genug ist, um es mit dem Utilitarismus und Materialismus aufzunehmen ist das Christentum, das im Vergleich zu Bushidō – und das muss zugegeben werden – ein schwach brennendes Licht ist, das der Messias zu einer Flamme entfachen sollte. Bushidō legte, wie die hebräischen Vorgänger des Messias, vor allem Jesaja, Jeremia, Amos und Habakuk – besonderen Wert auf das moralische Verhalten der Herrscher, der herrschenden

Klasse und Nationen, wobei die Ethik von Jesus Christus sich in erster Linie dem Einzelnen und seinen persönlichen Anhängern zuwendet, und deshalb in der Ausübung mehr auf den Individualismus als moralischer Faktor mit wachsender Potenz abzielt. Die dominierende, selbstbewusste sogenannte autokratische Moral Nietzsches, die selbst in einigen Punkten Bushidō ähnlich ist, ist, wenn ich mich nicht irre, eine vorübergehende Phase oder zeitweilige Reaktion gegen das, was er als morbide Verfälschung, die demütige sich selbst verneinende sklavische Moralität des Nazareners nennt.

Christentum und Materialismus (einschließlich Utilitarismus) – oder wird die Zukunft sie auf die archaischeren Formen von Hebraismus und Hellenismus reduzieren? – werden die Welt zwischen sich aufteilen. Kleinere Moralsysteme werden sich auf die eine oder andere Seite schlagen, um zu überleben. Auf welche Seite wird sich Bushidō stellen? Es kann es sich leisten als Gesamtheit zu verschwinden, da es weder ein Dogma noch eine Formel zur Verteidigung aufgestellt hat. Wie die Kirschblüte, ist Bushidō bereit, mit der ersten Morgenbrise zu sterben. Aber die völlige Auslöschung wird niemals das Ziel sein. Wer kann behaupten, dass der Stoizismus tot ist? Er ist tot als System, aber er lebt als eine Tugend weiter: Seine Energie und Vitalität sind noch in vielen Lebensbereichen zu spüren – in der Philosophie der westlichen Nationen, wo immer der Mensch darum kämpft über sich hinauszuwachsen, wo immer sein Geist das Fleisch den eigenen Mühen unterwirft, werden wir den unsterblichen Geist von Zenon am Werk sehen.

Bushidō wird als unabhängiger ethischer Kodex verschwinden, aber seine Kraft wird nicht von dieser Erde weichen. Seine Schulen des kriegerischen Heldenmuts oder bürgerlicher Ehre mögen zerstört werden, aber sein Licht und sein Ruhm werden noch lange über den Ruinen leuchten. Wie die Kirschblüte, Symbol des Bushidō, wird er, verstreut in alle Winde, immer noch die Menschheit mit seinem Wohlgeruch segnen, der das Leben bereichert. Generationen später, wenn alle Bräuche begraben und sein Name vergessen ist, wird sein Duft immer noch wie von einem weit entfernten unsichtbaren Hügel die Luft erfüllen, und wir werden am Wegesrand stehen. Ein wunderbares Quäkergedicht bringt dies zum Ausdruck.

> »The traveler owns the grateful sense
> Of sweetness near he knows not whence,
> And, pausing, takes with forehead bare
> The benediction of the air.«